中国高等教育学会外国留学生教育管理分会 主

主 编 程爱民

International Student Education and Management

国际学生教育管理研究

2021 年

上海外语教育出版社
外教社 SHANGHAI FOREIGN LANGUAGE EDUCATION PRESS

图书在版编目（CIP）数据

国际学生教育管理研究. 2/程爱民主编. —上海：上海外语教育出版社，2021
ISBN 978-7-5446-6998-6

Ⅰ. ①国… Ⅱ. ①程… Ⅲ. ①留学教育—教育管理—研究—中国 Ⅳ. ①G649.1

中国版本图书馆 CIP 数据核字（2021）第 205887 号

出版发行：上海外语教育出版社
（上海外国语大学内） 邮编：200083
电　　话：021-65425300（总机）
电子邮箱：bookinfo@sflep.com.cn
网　　址：http://www.sflep.com
责任编辑：王　璐

印　　刷：上海中华商务联合印刷有限公司
开　　本：710×1000　1/16　印张 8.5　字数 182 千字
版　　次：2021 年 11 月第 1 版　2021 年 11 月第 1 次印刷

书　　号：ISBN 978-7-5446-6998-6
定　　价：36.00 元

编辑部主任：张　斌
编辑部地址：南京市金银街18号南京大学海外教育学院四楼
邮政编码：210093
电子邮件地址：isem_cafsa@163.com

目　录

理论与实践研究

教学研究

管理研究

招生工作研究

学术研究

学术会议综述

Contents

Research on Enrollment Management of Studying in China

Literature Review and Program Management

Academic Conference Briefings

重要回信对新时代高校来华留学工作体系建构的价值意蕴*

薛俊强**

摘要： 重要回信充分体现了党中央对来华留学工作的高度重视和对广大国际学生的关心关怀，是推动来华留学工作的指导思想和工作方针。深入学习贯彻回信精神就是要在价值意蕴、逻辑理路和实践路径等方面形成高校来华留学工作共同体，通过人员、场域与组织三个要素的有效运行和同频协作而构建新时代高校来华留学工作体系。

关键词： 回信精神　价值意蕴　共同体　治理　逻辑理路

Abstract: President Xi's Letter fully reflects the CPC Central Committee's great attention to the work of studying in China and its concern for international students. It is the guideline and working principle to promote the management of international students. To thoroughly study and implement the spirit of President Xi's Letter is to establish a work community of international students' management in terms of value implication, logical clue and the practical path, and to construct a work system for international students in colleges and universities in the new-era through the effective operation and co-frequency cooperation of personnel, field and organization.

Key Words: the spirit of President Xi's Letter, value implication, community, governance, logical clue

2020 年 5 月 17 日，习近平总书记给北京科技大学全体巴基斯坦留学生回信。深入学习贯彻回信精神就是要深刻领会回信的思想内涵和精神实质所彰显的价值意蕴，就是要全面把握新时代高校来华留学工作体系的丰富内涵所凸显的逻辑理路，就是要积极构建新时代高校来华留学工作体系落地见效所呈现的实践路径。只有深化教育改革开放和教育国际交流合作，才能培养知华友华人才，促进民心相通，进一步推进中外青年携手构建人类命运共同体。

---

* 本文系 2020 年浙江省教育科学规划课题“疫情与教育”专项课题“突发公共卫生事件背景下外国留学生教育管理实践与研究”（项目编号：2020YQJY98）阶段成果。

** 薛俊强，管理学硕士，浙江师范大学国际文化与教育学院讲师。

一、价值意蕴：重要回信的思想内涵和精神实质

重要回信的思想内涵和精神实质包含以下几方面：一是携手共进，共同推动构建人类命运共同体。如“……多同中国青年交流，同世界各国青年一道，携手为促进民心相通、推动构建人类命运共同体贡献力量。”二是对外开放，真实客观全面讲述中国。如“也希望大家多了解中国、多向世界讲讲你们所看到的中国……”。三是以人为本，始终关心生命安全和身体健康。正如回信所说，“新冠肺炎疫情发生后，中国政府和学校始终关心在华外国留学生生命安全和身体健康，为大家提供了全方位的帮助。生命至上，不管是中国人还是在华外国人员，中国政府和中国人民都一视同仁予以关心和爱护。”

教育部数据显示，2018 年，共有来自 196 个国家和地区约 49. 22 万名留学生来华留学。（中华人民共和国教育部 2019）中国已是亚洲最大留学目的国，国际交流合作是高校的五大基本职能之一。重要回信是推动来华留学工作的指导思想和工作方针，深刻领会把握回信的思想内涵和精神实质是高校在新时代的新使命，为开创高校来华留学工作新局面奠定基础。

1. 深刻认识构建人类命运共同体“大格局”的重大意义

当今世界正经历新一轮大发展、大变革、大调整，世界处于百年未有之大变局。这个大变局既有世界秩序重塑，全球治理机制完善，也有如习近平总书记所说的，“各国相互联系、相互依存的程度空前加深，人类生活在同一个地球村里，生活在历史和现实交汇的同一个时空里，越来越成为你中有我、我中有你的命运共同体。”（新华网 2019）全球抗击新冠肺炎疫情是人类命运共同体理念的生动实践，人们比任何时候都更加真切地感受到构建人类命运共同体的重要性与迫切性。在“病毒无国界、疫情无种族”的严峻形势下，国际社会团结合作、共克时艰的主旋律日益响亮。国之交在于民相亲，民相亲在于心相通，习近平总书记在回信中指出：“携手为促进民心相通、推动构建人类命运共同体贡献力量。”民心相通的最有力抓力是教育，尤其是高等教育。高校来华留学工作既是人类命运共同体从“大写意”到“工笔画”的生动实践，也是外交工作大局、改革开放事业和教育国际交流的重要组成部分，有利于塑造良好中国国家形象，有益于国际民心工程建设，有助于培养“知华友华”的朋友圈，对于服务国家重大战略和教育改革发展的作用日益凸显。

2. 全面把握促进对外开放“大发展”的丰富内涵

做好来华留学工作既是国家发展战略的需要，也是高校自身国际化发展的必然选择。2015 年，国务院印发《统筹推进世界一流大学和一流学科建设总体方案》，提出“双一流”建设总体要求。高等教育是知识创造的源泉和人才培养的摇篮，是否拥有世界一流大学是一个国家是否具有国际竞争力的关键之一。（常娜等 2017）2016 年，国

家出台《关于做好新时期教育对外开放工作的若干意见》，实施“一带一路”教育行动，促进沿线国家教育合作，是国家教育对外开放的里程碑式创举。通过加强教育互联互通、人才培养培训等工作，对接“一带一路”沿线各国发展需求，实现合作共赢。来华留学将成为未来一段时期内中国教育国际化发展的重要组成部分，提前筹备和部署“一带一路”沿线国家来华留学的通道、模式和发展路径，不仅有利于推动“一带一路”来华留学快速发展，还将促进中国教育改革与国际化进程，更能助力“一带一路”倡议的实现。高校通过加强学术合作、推进合作办学、促进人文交流，不仅能服务国家大国外交，深化教育对外开放格局，也是高校自身发展、努力建设“双一流”高校的内在动力。

3. 明晰定位构建高校来华留学教育管理工作体系的实践路径

2014 年 12 月，习近平主席在全国留学工作会议上指出，“新形势下，留学工作要适应国家发展大势和党和国家工作大局，统筹谋划出国留学和来华留学，综合运用国际国内两种资源，培养造就更多优秀人才，努力开创留学工作新局。”2016 年 12 月，习近平总书记指出，“思想政治工作从根本上说是做人的工作，必须围绕学生、关照学生、服务学生……。”2018 年 9 月，习近平总书记在全国教育大会上指出要坚持把立德树人作为根本任务。这与重要回信中的生命至上、以人为本是一脉相承的，明晰定位构建高校来华留学教育管理工作体系的实践路径，即“形成党委统一领导、各部门各方面齐抓共管的工作格局”。高校来华留学工作要遵循教书育人规律，遵循学生成长规律，不断提高工作能力和水平。以立德树人为主旨，以围绕学生、关照学生、服务学生为主线，以人员、场域与组织三要素为主体，构建以共同体治理为模式的新时代高校来华留学工作体系。

二、“三全育人”：高校来华留学工作共同体的构成要素

个体与共同体的关系历来是哲学家、思想家所关注的一个重要话题。亚里士多德认为，一个理想的共同体的最高价值是“善”，“个人的善不能与共同体的善分离开来看待，人们是在一个共同体中，对共同善的共同追求使人们获得了相应的利益或善”。（龚群 2007）马克思共同体思想的根本价值向度是促进人的自由全面发展，“只有在共同体中，个人才能获得全面发展其才能的手段”。（马克思恩格斯文集 2009）我国高等教育内在的核心要旨就是让学生成为德才兼备、全面发展的人才，并在终极的价值向度上与马克思的共同体思想精神高度契合。因此，高校来华留学工作共同体是秉承马克思主义关于人的全面发展理论。在落实立德树人的根本任务上形成的密切、稳定、协作的团体，实质上是包含了三种意蕴的结合体，即“围绕学生”的精神共同体、“关照学生”的合作共同体和“服务学生”的实践共同体。通过人员、场域与组织三个要素的有效安排和沟通协作等，使高校来华留学工作共同体形成有序的状态，达到促进人的全面发展的旨归，这体现为一种治理的思维。“治理不是一整套规则，也不是一种

活动，而是一个过程；治理过程的基础不是控制，而是协调；……治理不是一种正式的制度，而是持续的互动”。（俞可平 2000）正是通过人员、场域与组织三要素的运作，推动共同体的形成与发展。

1. 人员：以全员育人理念促进全面发展

全员育人是指“学校全体教职工为了实现育人目标，在从事本职工作的过程中，以一定的形式，对学生进行直接或间接的教育过程”。（吴国友 2016）通过树立全员育人的理念，使教师、管理干部、后勤系统聚焦促进人的全面发展，各司其职、各负其责、统筹协作、步调一致，避免单兵作战式的“独奏曲”，唱好协同作战式的“大合唱”，改变由强化某个领域的“一子落”到共筑思想政治工作的“全盘活”。教师是思想政治工作的排头兵和主力军，“要牢记‘老师’是第一身份、人才培养是第一要务，‘上好课’是第一责任……管理人员把解决思想问题与解决实际问题结合起来……学校后勤服务人员能给学生一种潜移默化的教育，都能给学生起到一种榜样示范的作用”。（彭建军、唐素芝 2017）深化高校来华留学工作主体力量的融合，让教书育人、管理育人、服务育人形成良性互动，打造有机统一的整体而促进全面发展。

2. 场域：以全程育人空间拓宽全面发展

全程育人，是指思想政治教育要贯穿到立德树人的全过程，积极拓展育人的空间和场域。场域是当代法国著名社会学家皮埃尔·布尔迪厄社会学分析理论中的一个核心概念，指的是集特定的社会结构、习性、权力和具体的行动者之间的型构关系而形成的一种交往主体间性的关系状态。（梁立新 2012）高校来华留学工作的场域既包括自然空间的物理场和情感体验的心理场，也包括随着互联网技术的发展而产生出的网络平台的虚拟场。全程育人通过寝室、教室、实验室、校园活动、校园环境等媒介关照学生的身心健康、学习生活、择业就业等；同时，也要积极顺应时代发展的要求，用好新媒体阵地，积极传播好声音，弘扬正能量。一方面可以培养学生的公共责任意识、感恩意识、法治意识和自我教育能力等，促进其全面发展；另一方面，还能指导高校制定教育教学和学习方案、组织管理、评价评估、教育教学方法。

3. 组织：以全方位育人平台保障全面发展

组织是高校来华留学工作共同体的“器官”，包括学校相关职能部门、学生会组织、学生社团及协会等。全方位育人即在于不同组织形式和谐共治、同频共振，通过主体多元化、参与式治理，做到时间上无空档、空间上无死角、内容上无遗漏。通过创新教育方式方法，避免“千人一面”的“大一统”、一般齐，坚持“一把钥匙开一把锁”，具体问题具体分析。“一招鲜，吃遍天”已不能适应形势需要，要坚持统筹兼顾，学会“十个手指弹钢琴”“两条腿走路”。积极构建高校来华留学工作一体化管理系统，打造系统工程，形成育人合力。

三、逻辑理路：高校来华留学工作体系的实践路径

从高校来华留学工作共同体治理的视角出发，将人员、场域、组织不同要素纳入统一同频、有序有效的运作是共同体治理的基础，落实立德树人的根本任务，促进马克思主义关于人的全面发展则是外显的方向指引与行动纲领。借用美国政治学家戴维·伊斯顿的政治系统分析理论①来进一步分析高校来华留学工作体系的逻辑理路，（如图 1 所示）呈现输入—共同体—输出关系的路径轨迹及互动关系。（戴维·伊斯顿 1989）

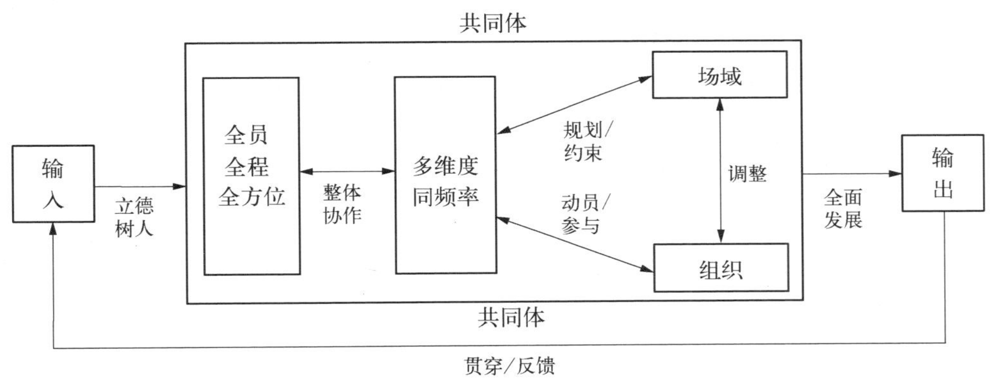

图 1　“输入—共同体—输出”关系图

首先，工具层面上，我国高校来华留学工作共同体的自然属性从人的本质为逻辑前提和出发点，积极促进人的全面发展。以办好人民满意的教育为“输入”，以立德树人作为中心环节，实现全程育人、全方位育人，实现人的全面发展为“输出”。同理，根据新形势的变化与“输出”的实质效果，及时贯穿和反馈，保持“输入”的一致性与实效性。

其次，结构层面上，高校来华留学工作共同体通过“三全育人”整体协作，多维度、同频率地对场域与组织起到相互的规划和参与功效，实为“育人”观念输入的“守门者”与执行人。自然空间的物理场、情感体验的心理场和网络平台的虚拟场的变化对“三全育人”起到规划或约束的作用，在实际工作中，要积极拓展育人场域的“疆域”，做到横向到边、纵向到底，力求零死角、无缝隙；同时，也要积极挖掘各类组织的功能与作用，通过多主体的动员与参与，做到各司其职、各负其责；场域与组

① 伊斯顿的系统分析基本思路是：“可以把政治生活看作一个行为系统，它处于一个环境之中，本身受到这种环境的影响，又对这种环境产生反作用。”伊斯顿用“输入”“输出”“反馈”等概念来描述政治系统与外部环境的互动过程。详细内容请参见戴维·伊斯顿的《政治生活的系统分析》。

织相辅相成，随变化而做相应的调整，保证工作影响力与实效性。

最后，价值层面上，高校来华留学工作终极价值诉求是立德树人这一根本问题，通过“输入”“共同体”“输出”三者的良好运行，其运行的关键是“贯穿/反馈”运行机理，其含义是连通与纠偏，就是高校来华留学工作要结合教育教学、贯通到教育教学首尾、渗透到教育教学之中，以立德树人为纲领，发挥捍卫“硬核”和调整“保护带”的功能，①（伊姆雷·拉卡托斯 1986）既充分体现了高校各项工作育人为本、德育为先的教育理念，也为实现全员育人、全程育人和全方位育人，促进全面发展提供了保证。

新时代高校来华留学工作要深入学习贯彻回信精神，立足办好人民满意的教育，全面贯彻党的教育方针。从“大格局”和“大发展”的向度进行多维释义，以人员、场域和组织等要素的运作与编码，实现了高校来华留学工作共同体的形成与发展。高校来华留学工作体系的实践路径呈现“输入—共同体—输出”互动关系。同时，在疫情防控常态化背景下，高校来华留学工作体系的构建与发展应契合治理体系和治理能力现代化的应有之义，不断推进法治化、智慧化和现代化三者有机结合，持续深化新时代高校来华留学工作体系，打造更具国际竞争力的来华留学教育。

参考文献

1 常娜、曹辉和符永宏：“世界一流大学的基本特征与评价体系”，《改革与开放》，2017 年第 1 期，第 96—98 页。

2 戴维·伊斯顿著，王浦劬等译：《政治生活的系统分析》，北京：华夏出版社，1989 年。

3 龚群：“自由主义的自我观与社群主义的共同体观念”，《世界哲学》，2007 年第 5 期，第 72—78 页。

4 梁立新：“协商与合作的场域：建构主义理论指导下的中小学体育课堂”，《基础教育研究》，2021 年第 9 期。

5 中共中央马克思恩格斯列宁斯大林著作编译局：《马克思恩格斯文集（卷 1）》，北京：人民出版社，2009 年。

6 彭建军、唐素芝：“思政工作需围绕学生建立“本位思维”，《中国教育报》，2017 年 11 月 6 日。

7 吴国友：“以全员育人理念促学生全面发展”，《光明日报》，2016 年 10 月 5 日。

8 新华网：“你中有我我中有你，习近平这样论述人类命运共同体”，2019 年 5 月 7 日，http://www.xinhuanet.com/politics/xxjxs/2019-05/07/c_1124463051.htm。

9 伊姆雷·拉卡托斯著，兰征译：《科学研究纲领方法论》，上海：上海译文出版社，1986 年。

10 俞可平：《治理与善治》，北京：社会科学文献出版社，2000 年。

11 中华人民共和国教育部：“2018 年来华留学统计”，2019 年 4 月 12 日，www.moe.gov.cn/jyb_xwfb/gzdt_gzdt/s5987/201904/t20190412_377692.html。

① 按照拉卡托斯原本的解释，科学研究“纲领”由两部分组成：其基础或核心部分称为“硬核”，而包裹在“硬核”周围的一系列辅助假说，则称为“保护带”。对一个“纲领”而言，“硬核”是不容许改变的。如果“硬核”遭到反驳，整个“纲领”即被颠覆。但“保护带”是可以调整的。关于科学研究纲领的解释可参见伊姆雷·拉卡托斯的《科学研究纲领方法论》。

把讲好中国故事理念全面融入来华留学教育管理*

张广磊　徐嘉璐**

摘要：讲好中国故事作为习近平新时代中国特色社会主义外交思想“构建人类命运共同体”的现实路径，既是国际新环境下对外传播的重要策略，又是来华留学教育管理新时期的主要内容。以讲好中国故事理念来指导来华留学教育管理，提升来华留学教育管理全环境、全过程育人的能力，是“人类命运共同体”思想的内在要求，有利于提升中华文化的吸引力，有利于提高中国高等教育的国际化水平和国际影响力。在把讲好中国故事全面融入来华留学教育管理的过程中需要注重三点：把握讲好中国故事理念的规律性和方向性、发挥来华留学教育主客体的主动性和互动性、增强讲好中国故事理念在教育过程中的融入度和深入度。通过切实增强中国文化、中国故事对留学生群体的内在影响才能有效提升来华留学教育的管理水平。

关键词：讲好中国故事　来华留学　高等教育国际化

Abstract: As the realistic approach for building a community of shared future for mankind proposed by Xi Jinping as his diplomatic theory in Socialism with Chinese Characteristics for a New Era, "telling Chinese stories well" is the key strategy for Chinese international communication and the main focus of education management for international students studying in China. Putting the idea of "telling Chinese stories well" into the practices of education management for international students studying in China comprehensively, will enhance the all-round education capability of education management for international students studying in China since it is the inner requirement of building a community of shared future for mankind theory, improve the attractiveness of Chinese culture as well as facilitate the internationalization and the influence of Chinese higher education. When fully integrating the idea of "telling Chinese stories well" into the education administration of international students, three guidelines shall be highlighted: follow the regularity and orientation of the idea of "telling Chinese

* 本文系中国高等教育学会外国留学生教育管理分会 2018—2019 年国际学生教育科学研究课题重点项目“引导国际学生讲好中国故事的新媒体视角研究”（2018—2019Y013）、江苏高校哲学社会科学研究基金（专题）项目“基于新媒体技术的国际学生群体跨文化现象研究”（2018SJA0176）阶段性成果。

** 张广磊，副研究员，南京信息工程大学国际教育学院副院长。
徐嘉璐，讲师，南京信息工程大学国际教育学院辅导员。

stories well", improve the initiative and interactivity of the teaching subject and object when telling Chinese stories, and enhance the integration level of the idea of "telling Chinese stories" in the whole process of education. With the strengthened influence of China's story and Chinese culture guaranteed, the education management for international students studying in China can be promoted.

Key Words: telling Chinese stories well, study in China, internationalization of higher education

2016 年 4 月，中办国办印发《关于做好新时期教育对外开放工作的若干意见》，强调丰富中外人文交流，促进民心相通。（中国教育报 2016）国之交，始于民相亲。在"一带一路"倡议的推动下，多国学生主动选择来华深造，渴望了解中国。面对国际学生这群"新丝路人"，来华留学教育管理者需要思考如何有效地开展教育管理工作，为中外学生搭建互融交流的平台，基于人类命运共同体思想的指导，围绕讲好中国故事理念，构筑中外友谊、共促青年成长。

一、 人类命运共同体思想下的来华留学教育

人类命运共同体思想是中国当代外交政策和习近平外交思想的核心所在，体现了中国特色大国外交最鲜明的特质。教育是"传承过去、造就现在、开创未来，推动人类文明进步的重要力量"，（人民日报 2016）在人类命运共同体思想的萌芽、发展和成熟进程中，中国的来华留学教育也迎来了新的发展机遇，从最初的服务政治外交、给予国际学生无偿援助、提升国际政治影响力的角色定位向着依托高等学校为主体开展留学教育，服务经济全球化、高等教育国际化和国家外交战略并重的角色定位发展。早在 1999 年，蒋国华和孙诚就提出，国际教育交流不能只是偏重单向交流，应该重视双向交流。我国不仅要派遣留学人员、访问学者出去学习交流，还应该把人家请进来进行学习交流。（蒋国华、陈诚 1999）他们强调，必须要积极参与国际范围内的教育人才竞争，扩大国际学生在高校学生中的比重，充分挖掘中国在国际留学市场中的潜力。这是对知识经济时代留学教育本质的重新定义和再认识。随着人类命运共同体思想在国际范围内获得更多认可，越来越多的国际友人希望认识和了解中国文化，主动选择到中国留学深造。与此同时，"一带一路"倡议也催生了服务就职于"一带一路"经贸合作企业的中外雇员的需求，需要大量能够助推中国与世界各国之间的贸易融通、政策沟通、民心相通的外籍人士。

二、 讲好中国故事理念的实践活动

留学教育在改革开放后呈现出井喷式快速发展。（孙霄兵 2019）改革开放四十多年来，中国的综合国力不断提升，在国际政治舞台上的影响力不断攀升，然而出于意

识形态差异和文化偏见，西方国家主流媒体在报道和宣传中国时惯用选择性“放大”或“失明”的表述，按照西方标准随意裁剪中国。有学者统计了2008—2012这几年间CNN（美国有线电视新闻网）有关中国的文章统计，正面报道只有516篇，而负面报道却多达2 117篇，尤其关于中国政治领域的负面报道有990篇，而正面的只有57篇。（刘汉俊 2008）2014年11月，习近平在中央外事工作会议上明确提出，要提升我国软实力，讲好中国故事，做好对外宣传工作。（新华网 2014）讲好中国故事理念成为对外传播领域的重要工作指引。讲故事虽然是一个古老且熟悉的话题，但是讲好中国故事却遇到了传播难题。（聂树江 2016）缺乏现代观念的扭曲价值观、缺乏趣味且过分浓郁的宣教味道、缺乏现代气质的陈旧形象、缺乏互联网思维的落后形式，以及缺乏跨文化交际能力的对外话语体系，并未帮助中国改变在国际社会中的形象。围绕这一问题，对外传播领域针对文艺作品、传播素材进行了如何讲好中国故事的相关研究，在一定程度上丰富了对外传播的载体，提升了对外传播素材的质量。在高等教育领域，随着人才培养的内涵不断丰富，高校立德树人的使命增添了新内涵，越来越多的学校明确表示，要把中外学生培养成人类命运共同体的建设者、文明互鉴的推动者和具有全球竞争力的高素质国际化人才，（林建辉 2019）因此，在人才培养过程中，必须树立讲好中国故事的理念，增强学生在国际事务中的沟通力和胜任力。在新的国际形势下，国际学生成为国际人文交流的新主体，是关注中国角色的外籍人士中的重要“他方”。与此同时，对外传播的经验积累和来华留学教育管理实践活动的丰富多样为针对国际学生群体讲好中国故事积累了丰富的素材。但是，由于来华留学教育管理群体的学科背景较窄、各校的来华留学教育实践发展阶段不一致、服务国际学生的社会支持体系尚未完全建立、需要对国际学生实施差异化管理。由于教育管理人员业务能力和服务水平有待提高，（刘宝存、彭婵娟 2019）来华留学教育管理者是在担任“救火队员”而非讲好中国故事的“讲述者”和“设计者”，来华留学教育管理领域的讲好中国故事实践较为匮乏。

三、把讲好中国故事理念全面融入来华留学教育

（一）把握讲好中国故事理念的规律性和方向性

规模是衡量留学生教育发展水平和吸引力的重要动态指标。（胡瑞等 2020）根据官方数据统计，2017年，来华留学人数达到48.92万，中国已经成为亚洲最大留学目的国，提前实现了“留学中国计划”的发展目标（教育部2012年9月3日《留学中国计划》）。针对国际学生群体的传统“保姆式”管理、自娱自乐的非主流校园文化模式已经不能契合来华留学新时代的特征，要破解国际学生“孤岛式”管理问题，逐步实现向“融合式”管理模式转变。（李硕豪 2019）把讲好中国故事的理念融入国际学生教育管理，让中外人士广交朋友，和谐共处，才能让来华留学教育更好地服务于“构建人类命运共同体”的时代使命。以中国故事为桥梁，拓展与国际社会的交流空间，是

新时期对外传播的有效路径，也是创新对外宣传方式的新需要。截至 2020 年，中国入选联合国教科文组织非物质文化遗产名录的项目总数已达 42 项，成为全球范围内入选“非遗”项目最多的国家。每个非物质文化遗产背后，都有深厚的文化底蕴和普适的精神价值。宁波大学开展的“非遗进校园”活动面向国际学生群体介绍面塑文化，并结合面塑的艺术形式讲述中国抗击新冠疫情的基层故事，生动地呈现了中国传统文化和现代中国故事，有效加强了国际学生对中国大国风范和责任担当意识的认知。

将讲好中国故事理念融入来华留学教育管理，要重视培养国际学生群体的文化认同，充分利用社会实践、文体活动等多样化渠道，提升国际学生适应中国经济、社会和文化的融入能力，（顾莎莎 2019）拉近中外友人的心理距离，在互相尊重、悦纳彼此文化的前提下，从人文关怀的视角针对国际学生开展教育管理与服务，构建国际学生群体的新认知。西南交通大学在国际大学生文化艺术节活动中设置世界之窗板块，打造校内“世博会”，吸引了世界 65 个国家和地区的 800 多名国际学生参与其中，（四川日报网 2014）让国际学生在充分展示自己国家文化的同时与中国学生和民众深入交流，有效促进了国际学生群体与中国社会的深度交流融合。

文化与价值观的广泛传播是增强我国对其他国家民众吸引力、逐步获得国际社会认同的关键。（张伟等 2018）将讲好中国故事融入来华留学教育管理的全过程，要找准中外文化的契合点、情感沟通的共鸣点、利益关系的交汇点、化解冲突的切入点，以问题为导向，把讲好中国故事与来华留学管理的实际相结合，注重设计引导，掌控舆论导向，聚焦国际学生的关注点，与国际学生增进友谊。厦门大学就汉语国别化教材组织的国际研讨会对来华留学的授课教材建设达成了“五个重视”的重要共识，（郑通涛等 2010）并催生了系列国别化校本教材的推出，对提升讲好中国故事的针对性和实效性发挥了积极作用。

（二） 发挥来华留学教育主客体的主动性和互动性

国际学生国别多样，宗教各异，求学目的性较为多元，整体水平参差不齐，在开展国际学生教育管理的过程中应进一步激发来华留学教育管理主客体的主动性。将讲好中国故事理念融汇于教育管理的全过程，在缺位处补位，精心设计教学内容，精准安排课程计划，借助创造性转化、创新性传承来保障传播过程的生命力和传播效果的感召力。同时，学习新媒体短、平、快的传播方式，借鉴风趣活泼的语言风格，使用国际学生适应的话语表述，让中国故事在国际学生中迸发生动活泼、亲近有趣的独特魅力。中国教育国际交流协会建设“来华留学英语授课品牌课程”，（中国国际教育交流协会 2020）整合各大高校的优势资源，并开放免费在线课程，不仅响应了疫情防控期间“停课不停教、停课不停学”的号召，更激发了高校作为来华留学教育主体的精品意识，在来华留学教育管理的实践过程中书写现实中国故事，提升来华留学教育吸引力。

国际学生具有非常独特的双重属性，他们既是来自世界各地、好奇求知的学生，又是对中国历史文化缺乏了解、渴望探求当代中国的异乡访客。把讲好中国故事理念融入来华留学教育管理全过程，必须要把握国际学生的内心诉求，调动国际学生的学习主动性，加强国际学生对中国故事的创造性转化和创新性发展，（汤凡渺 2020）发挥他们天然具有的本土的媒介资源和传播优势，（栾凤池、许琳 2017）让国际学生群体成为自我教育的主体，以主体性教育激发学生的学习主动性，成长为讲好中国故事的内容筛选者、方案设计者、过程参与者与效果评估者。南京信息工程大学建设的“留学生之家”微信公众号由国际学生群体运营，建立了编辑、文稿、摄影等多个团队，而相关教育管理部门则重点负责选题、素材的把关审核，将讲故事的舞台交给国际学生，让国际学生展示自我、提升自我、成就自我。这一设计有效激发了国际学生的积极性和主动性，使他们从中国故事的“受众”转化为“讲述者”，不仅增强了国际学生对在华生活的认知和了解，更深化了国际学生对来华留学的认同感和归属感。

“构建人类命运共同体”思想的现实指向是将世界各国人民对美好生活的向往变成现实，让国际学生了解中国改革开放的发展历程，从中国故事中汲取可借鉴的经验，充分发挥国际学生的个人潜能，引导国际学生拓展中国故事的新时代内涵。在大数据背景下，学习分析方法和跟踪对外传播效果能让来华留学教育管理者们更精确、更科学地了解和评价国际学生群体，追踪和掌握国际学生不同的学习需求，调整和制定更有效的教育内容与教学方法，切实提升讲好中国故事的实效性。建设留学生海外校友会、根据留学生大数据开展国别研究，不仅有利于促进来华留学教育的招生宣传，也能全面地掌握留学生生源地的学情、国情，制定更切实可行的培养方案，为讲好中国故事积累新素材和新视角。

中外文化深度交融、中外友人互动愈频的趋势成为讲好中国故事的动力源与推进剂。国际学生渴望表达，期待成为教学活动中的互动者，而不是单向的被动接受者，渴望在互动中刷出“存在感”，在文化体验中寻找“价值感”，在公共表达中争取“获得感”。针对国际学生群体，讲好中国故事本质是召唤价值认同和情感共鸣，更需要互动式参与。因此，采取互动式教学，提升国际学生的参与度，让教师不再成为中国文化的生硬灌输者和“独角戏演员”。河海大学开展水利知识的实习实践活动，通过“感知中国·运河史诗”主题活动，开展水利枢纽、水利工程的参观、实习活动，让国际学生深切感受到了中国在解决水资源缺乏问题和妥善利用水资源过程中所展现的卓越智慧和劳动成果，进一步激发了国际学生学习专业知识、服务“一带一路”建设的主动性。此外，教师还可以通过注重教学互动交流与反馈，加强过程管理，借鉴翻转课堂、研究型教学、启发式教学的经验，结合“互联网＋”的产业发展大趋势，拓宽中外师生和中外友人的互动场域，构建文化平等、和谐交流关系，提升国际学生在接触、感知中国故事过程中的参与感和获得感。

来华留学教育管理者还要关心国际学生的主体诉求，提升国际学生在高等教育体系中的存在感。江苏大学管理的留学生社团联盟通过让国际学生参与学院管理等形式，有效凝聚了国际学生的正面力量，（今日镇江 2019）促进国际学生的交流和团结。在此基础上，社团联盟形成的光环效应推动了学校更加关注、更好服务国际学生，从顶层设计的高度把来华留学教育实践和“构建人类命运共同体”的外交使命及国际学生的个人理想相结合，解决他们的现实问题，注重未来国际友好力量的储备。

（三） 增强讲好中国故事理念在教育过程的融入度和深入度

现阶段的中国故事课堂传播场景集中体现在国际学生必修的中国概况课程和汉语课程中。教育部 42 号令强调了来华留学教育管理“提质增效、规范管理”的高要求，开启以质量为核心的发展新模式。因此，来华留学教育管理要增强讲好中国故事理念在教育过程的融入度。首先，可以在典籍英译的基础上继续推动中国特色对外宣传教材体系，推出更多高水平教材，将具有生命力、感染力的中国故事贯穿于教材编写全过程，实现对来华留学教育通识内容的全覆盖。把宣讲中华传统文化的各类中国故事写入课程设置方案、课堂讲义，要求面对国际学生授课的双语教师学懂、弄通讲好中国故事理念的本质，并以此统领教育观念和教学实践，在结合国际学生具体实际和群体兴趣的前提下精心准备课件、案例等教学资料，采用国际学生喜闻乐见的方式完成教学任务。其次，要将中国传统文化的传播使命与其他课程融合发展、同向同行，将因时而新的中国故事快速、务实地引入到教材中。再次，注重加强网络平台的内容建设。国际学生在华生活期间与同胞和远方亲友交流，严重依赖网络平台。将讲好中国故事理念全面融入网络空间建设，能更好地引领国际学生的精神建设。可以通过打造一批贴近国际学生生活、贴近中国社会实际、贴近国际学生内心真实诉求，同时反映中华传统文化的内涵、精髓，让国际学生感兴趣、乐接受的网络文化作品，来培育积极向上、健康乐观的网络氛围，促进传播文化主旋律，传递青春正能量的来华留学教育管理模式发展。

大学校园是国际学生学习和生活的主要场所，也是针对国际学生讲好中国故事的前沿阵地。讲好中国故事理念融入来华留学教育管理要契合生活化、日常化、体验化、大众化的时代传播主流，将中华文化的“通俗逻辑”、中国故事的“价值内核”、中国思维的“美美与共”渗入国际学生的校园世界，结合高等教育国际化趋势下的新型校园文化、学生社团、社会实践、志愿服务等活动，让国际学生在与同龄人群体的交往中读懂中国，在校园活动中喜爱中国，并将对华亲善的情感内化于心。结合国际学生的多国别多语种特点，可以以校训、校风、学风为主题引领，让国际学生自己创作、自己展演，实现从中国故事被动接收者到主动传播者的转化。同时，切实加强国际学生辅导员的思想引领力建设，扭转落后的“保姆式”管理方式。再次，运用新媒体、新技术手段使对外传播、来华留学教育管理实践活跃起来，推动中国故事的内在魅力与信息技术的高端手段深度融合，增强感召力和吸引力。利用不断进步的大数据技术，精准判析网络舆情背后的真实情绪，深入挖掘网络矛盾的内在思潮。

许多世界各国领导人在年轻时都有赴异域求学的经历，在外留学的生活与体验对他们的世界观和价值观产生了深刻的塑造作用。留学生名人的影响力和“意见领袖”的传播力都值得我们深入思考国际学生在国际舞台上成为中国故事讲述者的外交价值和政治潜力。（马春燕 2017）因此，高等学校在培养国际学生的教育过程中，更应该将讲好中国故事理念融入来华留学教育管理的实践，有效结合“自己讲”和“别人讲”的传播渠道，接触外籍人士，培养善意、建立好感，降低由于群际间偏差而产生负面刻板印象的过程，（哈嘉莹 2010）帮助外籍人士沉淀在华实践的感知，在潜移默化中传播中国故事。

参考文献

1 顾莎莎：“法治逻辑与进路：‘一带一路’教育共同体图景与来华留学生培养”，《比较教育研究》，2019 年第 12 期，第 3—11 页。

2 哈嘉莹：“来华留学生与中国国家形象的自我构建”，《山东社会科学》，2010 年第 11 期，第 152—157 页。

3 胡瑞、尹河和朱伟静：“‘一带一路’沿线国家来华留学研究生教育：现状、困境与策略”，《现代教育管理》，2020 年第 5 期，第 51—57 页。

4 蒋国华、陈诚：“来华留学教育：一个尚待重视和开发的产业”，《高等教育研究》，1999 年第 6 期，第 75—79 页。

5 今日镇江：“江苏大学在校留学生规模领跑省内高校”，2019 年 11 月 14 日，http://cmstop. zt. jsw. com. cn/jiaoyu/p/62718. html。

6 刘宝存、彭婵娟：“中华人民共和国成立以来我国来华留学政策的变迁研究——基于历史制度主义视角的分析”，《高等教育管理》，2019 年第 11 期，第 1—10 页。

7 刘汉俊：“从奥运看西方媒体的中国观”，《文汇报》，2008 年 9 月 16 日，第 5 版。

8 刘利：“面向来华留学生讲好‘中国故事’”，《北京教育（高教）》，2020 年第 5 期，第 6 页。

9 李硕豪：“‘一带一路’建设人才培养形态转变论列”，《高等教育管理》，2019 年第 7 期，第 1—7 页。

10 栾凤池、许琳：“引导外国留学生讲好中国故事的探索——以中国石油大学（华东）为例”，《世界教育信息》，2017 年第 18 期，第 56—71 页。

11 马春燕：“中国故事的‘他方’讲述与传播初探——以来华留学生为视角”，《理论导刊》，2017 年第 8 期，第 93—96 页。

12 聂树江：“国际传播如何讲好中国故事”，《新闻战线》，2016 年第 12 期，第 107—109 页。

13 人民网：“习近平致首届清华大学苏世民书院开学典礼的贺信”，2016 年 9 月 11 日，http://politics. people. com. cn/n1/2016/0911/c1024-28706356. html。

14 人民网：“浙江宁波：‘文化走亲’进高校　留学生与非遗‘零距离’”，2020 年 11 月 12 日，http://zj. people. com. cn/n2/2020/1112/c186327-34410087. html。

15 四川日报网：“‘世博会’再现西南交大　风情展现场掀盖章狂潮”，2014 年 5 月 23 日，http://politics. scdaily. cn/shms/content/2014-05/23/content _ 7977164. htm?node=4725。

16 孙霄兵：“中国教育对外开放 70 年的政策演变与发展成就”，《国家教育行政学院学报》，2019 年第 10 期，第 10—22 页。

17 汤凡涉：“留学生讲好中国故事的科学引领”，《国际公关》，2020 年第 1 期，第 8—11 页。

18 新华网：“习近平出席中央外事工作会议并发表重要讲话”，2014 年 11 月 29 日，http://www. xinhuanet. com//politics/2014-11/29/c _ 1113457723. htm。

19 中国国际教育交流协会：“来华留学英语授课品牌课程向社会免费开放”，2020 年 4 月 27 日，http://www. ceaie. edu. cn/xm/zyyxm/1879. html。

20 中华人民共和国教育部：“中办国办印发《关于做好新时期教育对外开放工作的若干意见》”，2016 年 4 月 30 日，http://www. moe. gov. cn/jyb _ xwfb/s6052/moe _ 838/201605/t20160503 _ 241658. html。

21 郑通涛、方环海和张涵：“国别化：对外汉语教材编写的趋势”，《海外华文教育》，2010 年第 1 期，第 1—8 页。

22 张伟、陈希和李西建：“留学生‘讲好中国故事’的‘五位一体’教育平台创建研究”，《学术探索》，2018 年第 11 期，第 152—156 页。

在线中文教学对国际中文教育学科新发展的影响初探*

裴雨来　邱金萍**

摘　要：作为学科的国际中文教育是国际中文教育事业发展的关键助力和核心依托，目前的学科发展水平与事业发展需要、与服务国家战略需要还有一定距离。国际学生在线中文教学可以提供全链条研究数据及教学资源，为学科自身发展，提升学科服务事业能力，提升国际中文教育服务国家战略能力提供了新的重要契机。

关键词：在线中文教学　国际中文教育　学科创新

Abstract：As an academic discipline，International Chinese Education is the foundation of the development of the international Chinese education. There is still a certain distance between the current level of discipline development and the needs of cause development and national strategies. The lack of knowledge production capacity is an important reason for this phenomenon. Online Chinese teaching for international students can provide the whole chain of research data and teaching resources，and provide new and important opportunities for the development of the discipline itself，the improvement of the discipline service ability and the service ability of international Chinese education for national strategies.

Key Words：online Chinese teaching，international Chinese education，discipline innovation

一、引言

国际中文教育，既是一门学科，也是一项“国家与民族的事业”，有学科与事业的双重属性。作为学科，国际中文教育自诞生以来，一直“紧随共和国前进的步伐成长”，与其所服务的事业密切相连，（刘珣 2019）学科发展的几次关键突破，无不与所服务的事业息息相关，（宁继鸣 2018）事业的发展也深刻影响着学科的发展进程。同时，国际中文教育学科也是国际中文教育事业发展的关键助力和核心依托，决定着事

* 本文系中国高教学会外国留学生教育管理分会科研课题“汉语国际教育学科再发展基础情况调查及研究”（项目编号：CAFSA2020－Y016）成果。

** 裴雨来，博士，上海大学国际教育学院教授，研究方向为国际中文教育、汉语语法研究。
邱金萍，博士，上海大学文学院讲师，研究方向为国际中文教育、汉语韵律语法研究。

业发展的进程和质量，没有学科的发展，就没有高质量的事业发展。随着世界格局变化及中国国家综合实力的快速提升，我国的国际事务参与度与话语权得到了扩大和提高，尤其中国对外开放和“一带一路”发展，对国际中文教育事业的发展需求更为迫切，进而对学科发展提出了更高的要求。

经过多年发展，国际中文教育学科无论在层次、规模、科研能力还是社会服务能力、国家战略服务能力等方面都取得了长足的进步，很好地服务了国家战略，服务了国际社会需要，这是国际中文教育学科的基本情况，也是该学科取得进一步发展的基础。但从事业发展需求来看，国际中文教育学科整体发展并不理想，积累并不充分，这种不充分在《关于高等学校加快“双一流”建设的指导意见》的资源配置与政策导向作用影响下，表现很明显。（施家炜 2014、2016，曹贤文 2017，汲传波 2018）另外，从实践层面来看，面向国际学生的中文教学是国际中文教育学科的核心任务。笔者对多所国际学生培养单位的调研表明，中文教学现状较难满足国际人才培养的需求。笔者认为，当下普遍实践的国际学生在线中文教学是国际中文教育学科进一步发展的重要机遇，为提升中文教学整体水平、更好服务专业国际人才培养、更好服务我国文化软实力提升提供了发展契机。

二、 国际学生在线中文教学带来的学科发展契机

国际中文教育事业的特点决定了国际中文教育学科的发展方向。劳动密集是中文教学的主要特点，如何提高教师间分工合作水平，减少人力资源浪费，是国际中文教育学科亟须重点解决的问题，在线中文教学为解决这一问题提供了良好的、必要的条件。

1. 在线中文教学有利于解放教师

从教师分工合作的角度来看，目前我国高校国际学生中文教学基本是教师与班级固定、教师与课程固定，同一个班级的不同课程之间、不同班级的同一门课程之间都缺乏交流。教师只负责自己所承担课程的教学，互相间分工合作较少。教师往往独立备课，独立完成课堂教学。即使合作传统较好的教学单位，教师间的分工合作也通常限于教学材料、教学课件的分享。但这只是课堂教学的提示性材料，不能称为教学的分工合作，不代表课堂教学的全部，教师教学，比如教学语言、课堂指令、讲解、操练、互动等，才是课堂教学的最主要内容，才是影响教学效果优劣的关键。造成教师间无实质性分工合作的原因多种多样，但其根源在于生态、平台、机制问题，不解决这些根本性问题，单纯的宣传、教育或者培训很难真正有效。

在线中文教学通过电子平台进行，实现教学内容全部电子化留存。这是解决教师分工合作问题的基本条件。教学内容被完整地保存下来，教学得以共享，个人的重复性劳动减少，大大降低了教师人力资源的浪费。

随着在线中文教学的进一步发展，教学的标准会进一步提高，教学平台的功能也

会更加完善，逐步形成适合新教学样态的教学模式和教学生态。中文教学将由目前较分散的，以教师个人为主体的情况逐渐转变为更有组织性的流水线式团体合作。教学一线人员的教学能力、合作能力，团队工作能力等也将在这一过程中不断提升，最终实现行业升级。

2. 教学数据的记录和保存有利于学科研究创新

在线教学过程中，教师的教和学生的学基本都实现了全流程记录，这使研究者能够实现对教师教学行为及学生学习情况从宏观到微观的全景式观察，实现对教师教学与学生学习效果间关系的全方位刻画，学科研究的材料（数据）门槛大大降低，这将极大推动学科研究的快速发展。以语言点为例，教师的讲解（解释）、课堂操练、练习、课堂活动、对学生回答的批阅和反馈以及每一名学生学习情况、问题回答情况、操练反应情况等，都可以分别跟踪、记录，并形成一个“语言点数×教师数×教学环节数×学生数”量级的数据库。如果进一步延伸，从微观的语言点到宏观的语言水平等级、国别、教学模式，教学平台所记录的数据将极为庞大，可以从中发现隐藏的规律。

借助数据，“教”与“学”间的所有环节都被连接起来，研究者很容易观察到行为与效果间的联系，可以讨论很多之前未达成一致的问题，也可以讨论一些之前因条件不成熟而无力研究的问题。举例来说，讨论“语言教学中如何处理文化内容最有效”这一问题，只需要分析平台上记录的学生数据。比如分析学生观看文化性视频时回看、加速、拖动的情况，分析学生在参与文化内容教学时对教师不同处理方式的反应等，就可以对语言教学中各种文化内容处理方式的效果进行分析，进而得出有说服力、有针对性的、可行的教学方案。再比如，语言点难度等级序列与语言表达的准确性、完整性之间存在矛盾，破解这一矛盾的实践方式多样。教学平台记录不同实践方式的详细数据，分析这些数据可以知道不同方式的效果，从而对教学有更深入的理解。当前语言教学中的很多问题，比如语言点复现情况对语言习得有什么影响、学生对不同教学方法的接受情况、不同的操练方式对学生学习效果的影响等，在获得了教师教学情况及学生学习情况实时数据的基础上，都可以摆脱经验性研究的弊端，得到更令人信服的结论。

综上所述，在线教学平台可以实现教师的教学分工合作，提升教学效率。在线平台的数据使人们有条件开展此前无法开展的研究、加深对已有研究的认识、厘清有争议的结论。更重要的是，新材料中包含了大量的新问题、新观点、新规律，创造新的学科知识增长点。在线教学为国际中文教育学科在新阶段、新变局下取得更大发展创造了充分条件。

三、中文教学标准化及教学资源、在线教学平台建设

在线中文教学实现了中文教学的电子化升级，为减少教师人力资源浪费、推动

学科研究创新创造了条件，解决学科发展难题，促进学科更好地为事业服务，也为国家战略服务提供了基础。不过，目前的在线中文教学仍处于发展的初始阶段，离推动国际中文教育学科发展、有效支撑国际中文教育事业仍有一定差距，需要不断完善。

1. 提升中文教学标准化水平

只有实现中文教学标准化，才能实现教学资源共享，节约人力资源；也只有实现教学类型、教学任务、教学内容的标准化，教学体系升级、教学智能化等才有更好的实现基础。对于中文教学标准化，部分教师仍存在一些抵触情绪，正确理解标准化，是推进标准化工作的基本条件。

中文教学的“历时线性”决定了高水平的标准化非常必要。学生从零起点开始学习，一步步进入更高等级的过程是随着时间推移的线性过程，各环节间环环相扣，前一阶段的学习对后一阶段的学习有决定性影响。这意味着每一名中文教师都是学生学习链条上至关重要的一环，链条上任意一位授课教师出问题，影响的不只是其所承担的一环，还影响学生学习链条上的所有后续课程。而考虑到中文教学的实际情况，靠学生通过自己努力解决链条上因为教师教学所出现的问题，不但不切实际，而且也不负责任。高水平、高质量的中文教学已被反复实践。推动中文教学标准化，那些有效的、好的教学可以得到普遍推广，全体教师进行高质量教学得以实现，学生的全链条学习质量得以保证。

中文教学的主流是有共性的，这使得中文教学标准化完全可行。中文教学的普遍共性是推进中文教学标准化的基础。在通常的语境中，人们更容易注意到中文教学因人而异的一面，共性的一面较少被提及。综观整个学习周期，学生之间的差异，尤其是其中能对教学效果形成明显影响的差异占比很低。不同国别的教材间共性远远大于差异。而且大部分学生差异带来的教学差异都可以通过教学方法来平衡，教学的共性才是主体。

教学标准化，并不意味着取消不同教师的个人特色和个体差异，教师个人的教学创新应该建立在标准化的基础上，必须从中文教学整体发展的角度来认识标准化与教师个体特色之间的关系。目前的中文教学体量很大，对效率提出了客观要求，中文教学的规模化和商品化决定了教师的个体差异必须以标准化为前提。同时，作为一种教育产品，学生也对中文教学的效率有强烈要求。优先聚焦于解决效率困境，以标准化推动中文教学整体提升，兼顾个体特色，是中文教学事业当前发展阶段的理性选择。

2. 加强教学资源及教学平台建设

目前，在教学资源建设及教学平台的进一步发展中，技术层面基本没有障碍，如何实现技术落地、实现技术的中文教学适配化应用是其中关键。中文教学是一种教育产品，服务于中文教学的资源建设和教学平台建设。只有在成本和效果之间形成平衡，产品才有可能持续发展。技术的落地、技术的中文教学适配化运用需要大量的资源和人力投入，出于机会成本等的考虑，中文教学资源及平台建设所需的资源和人力，需要在与其他领域竞争中获得，投入者对投入收益的考虑决定了教学资源及平台的建设方案等必须切实可行。要实现投入与收益的平衡，必须坚持精准投入、专业赋能。具体来说，推进教学资源及教学平台建设，必须充分尊重中文教学规律，分析资源及教学平台使用场景和功能，紧抓核心任务。

教学资源的使用场景（图 1）从教学的角度可以分为服务学生学习和服务教师教学两大类。前者比如慕课，以学生自学为主，建设时间长，数量和质量都取得了明显成绩；后者以教师教学为主，学界对其与前者的差异讨论不多，自觉区分二者的实践也较少，这是本文的讨论重点。

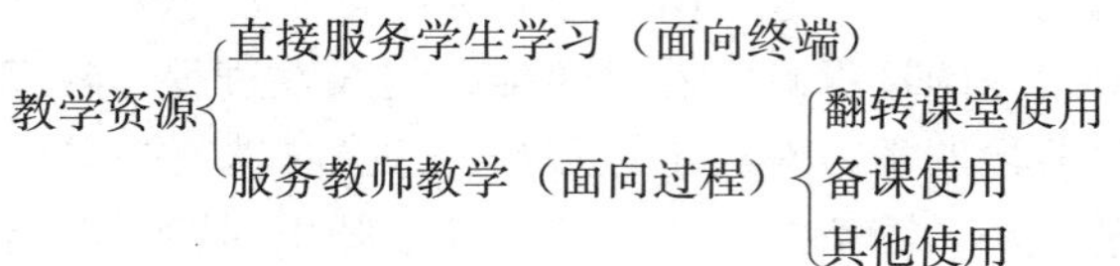

图 1　教学资源使用场景

教师教学，内容的体系性是其主要特点。（邱金萍、裴雨来 2021）教师必须根据学生情况，按语言教学规律，成体系地科学安排教学内容。这决定了服务教师教学的教学资源必须体系化，即覆盖教学体系内全部教学内容，并能涵盖各种教学情况。实现这一教学资源体系化目标，有两条路径，一是建设包括教学内容、课型、学生情况、教学进度、教学类型、教学模式等各参数在内的全覆盖的成品教学资源；二是建设覆盖全部教学内容的半成品教学资源，针对不同课型、学生情况等各种变量的差异化调整由任课教师完成。前者对教师更友好，但因为建设规模巨大，人力、经费等投入极高，可行性较低；教师在使用后者时仍需投入一些精力进行加工，但因为成本可控，是当前阶段较为可行的方案。另外，反思全行业多年来教学资源建设实践，我们认为，真正实现充分、共享、有实效、素材化、动态更新的教学资源的建设方式，必须放弃专人专项的目标攻关思路，转而采取将日常教学实践与教学资源建设相统一、辅以恰当筛选机制的办法。

教学平台的功能需求大体可概括为图 2，平台对这些功能的支持都基本能够实现，但随着教学的不断发展，平台需要不断加深对这些功能的理解。（郑艳群 2020，邱金萍、裴雨来 2021）同时，我们应充分认识到，有效的、满足期望的教学平台不会天然出现，而需要中文教学领域在与其他领域的激烈竞争中获得，所以中文教学界要主动参与，帮助平台更精准地投入资源，更合理地控制成本，缩短摸索尝试的周期。好的教学平台可以提高中文教学效率，建立更合理的中文教学生态，进而提升中文教学整体水平，实现运行模式升级，解决中文教学产品供给与需求之间的矛盾，值得全体中文教学从业者为之努力。

教学平台功能
- 教学支持（教师备课、建课、实施教学、学生学习及教学资源等）
- 教学管理
- 师生交互
  - 异步交互（比如录播）
  - 同步交互（比如直播）
  - 同步异步混合交互

图 2　教学平台功能需求

四、结语

当前，中文教学所能达到的教学水平与我国对外开放、“一带一路”建设需要及中国国家地位变化、提升国际影响力等需求之间存在较大差距，这是事业发展、学科发展要解决的主要矛盾。目前的中文教学学科发展水平距离解决这一矛盾的要求仍有较大差距，必须寻求改变和提升。学科的发展依赖人才，依赖该学科在与其他学科竞争中表现出的吸引力。当前学科发展中表现出的诸多问题，实际上都是学科人才竞争力下降，学科人才流失造成的。学科对人才的持续的吸引力，来自学科自身能否为人才发展提供足够的空间。

国际学生在线中文教学为解放教师、创新国际中文教育学科研究，为解决老问题、发现新问题、探索新规律、丰富学科研究内容提供了条件。要充分利用国际中文在线教学契机，一方面不断挖掘在线教学带来的资源、数据、教师分工合作模式等方面的价值，另一方面，要从推进国际中文教育学科及国际中文教育事业升级出发，从体系、模式、平台建设等方面提升在线中文教学，引领在线中文教学的发展。

参考文献

1　曹贤文：“‘双一流’背景下综合性大学汉语国际教育本科专业建设的思考——以南京大学为例”，《国际汉语教学研究》，2017 年第 3 期，第 85—88 页。

2　汲传波：“‘双一流’视阈下的汉语国际教育学科建设”，《国际汉语教学研究》，2018 年第 4 期，第 67—74 页。

3　李贵苍：“雾里看花：关于汉语国际教育专业和学科的一点思考”，《汉语国际教育研究》，2016 年第 00 期，第 1—5 页。

4　刘珣：“紧随共和国前进的步伐成长的学科”，《国际汉语教学研究》，2019 年第 4 期，第 16—17 页。

5　宁继鸣：“汉语国际教育：‘事业’与‘学科’双重属性的反思”，《语言战略研究》总第 6 期，2018 年第 3 期，第 6—16 页。

6　邱金萍、裴雨来：“常态化背景下的高级中文综合课在线课程建设研究”，《国际中文教育（中英文）》，2021 年第 1 期，第 3—11 页。

7　施家炜：“汉语国际教育学科的人才培养问题”，《国际汉语教学研究》，2014 年第 2 期，第 6—7 页。

8　施家炜：“汉语国际教育专业人才培养的现状、问题和发展方向”，《国际汉语教育（中英文）》，2016 年第 1 期，第 13—17 页。

9　郑艳群：“国际外语教育技术研究动态及热点分析”，《国际汉语教育（中英文）》，2020 年第 3 期，第 39—50 页。

10　郑艳群：“教学分析与教学计算：大数据时代汉语教学研究方法探新”，《国际汉语教学研究》，2020 年第 2 期，第 32—39 页。

疫情防控常态化背景下农林院校国际学生中文教学的思考与探索

成思家*

摘　要： 新冠疫情的爆发带来了教育领域的重大变革，互联网、信息技术的投入在线上教育领域迅速聚集，推动了语言学习与新教育技术更加紧密地结合。本文结合北京林业大学的中文教学实践，总结了疫情以来农林高校中文教学面临的挑战以及经历的改变，提出了农林院校中文教学发展的几点思考与建议。疫情防控常态化背景下，农林院校中文教学要在变革中立足特色，找准定位，将中文教学与特色领域相融合；着力开发中文线上课程与资源；利用互联网技术便利加强专业教师与中文教师间、学校间的交流与合作；服务国际学生对中国的理解教育；顺应全球线上教学契机，推进对外建立定向定点教学渠道。

关键词： 疫情　常态化　农林　中文教学

Abstract：The outbreak of COVID－19 brought about significant changes in the field of education. The rapid gathering of the input of the Internet and information technology in the field of online education promoted the closer integration of language learning and new educational technology. Based on the practice of Chinese teaching in Beijing Forestry University, this paper summarizes the challenges and changes that have been experienced by Chinese teaching in agriculture and forestry universities since the epidemic, and puts forward some suggestions on the development of Chinese teaching in agriculture and forestry universities. Under the normalization of epidemic prevention and control, Chinese teaching in agriculture and forestry universities should target the right position based on its characteristics and integrate Chinese teaching with their characteristic fields, focus on the development of Chinese online courses and resources, utilize Internet technology to facilitate the communication and cooperation between professional teachers and Chinese teachers as well as between universities, serve for international students' understanding of China, promote the establishment of targeted fixed-point teaching channels abroad following the trend of worldwide online teaching.

Key Words：epidemic, normalization, agriculture and forestry, Chinese teaching

---

*　成思家，北京林业大学国际学院硕士研究生，研究方向为国际中文教育。

新型冠状病毒疫情在全球迅速蔓延，给各国教育造成了不同程度的冲击，国内高校国际学生中文教学也面临前所未有的挑战。自新冠疫情爆发以来，中文教学随着国内疫情发展态势变化，在“停课不停学”“外防输入，内防反弹”等相关政策指导下，经历了从线下全面转线上，再到线上线下相结合的不同阶段，中文教学的未来之路挑战与机遇并存。

随着中国高等教育的改革与深化，来华留学教育已进入提质增效阶段，国际学生中文教学也不例外，要探索内涵式发展方向，开启以质量为核心的新发展模式。

本文结合北京林业大学的国际学生中文教学实践，总结了疫情以来中文教学面临的挑战以及经历的改变，提出了对于农林院校中文教学发展的几点思考与建议。

一、 农林院校国际学生中文教学面临的挑战

一直以来，在国际学生专业分布中，文科、工科、西医等专业普遍占比较高，在2017年来华留学数据统计中，农学学生人数较2016年呈现出明显的增长趋势，增长率为36.5%，但由于基数较低，因此在所有国际学生中占比仍不足1%。

农林院校学历教育国际学生占比较高，学生规模不大，但国别和专业多样。以北京林业大学为例，2020年学校注册在读学生约350人，来自近80个国家，其中94%来自亚、非、拉地区的发展中国家，学生类别包括进修生、本科生、硕士生、博士生多种层次，分布在13个学院、34个二级学科之中。

（一） 地域差异导致的学生需求差异

受疫情影响，境外学生无法返回中国入校学习，境外学生分布在世界各地，境内学生也存在校内外住宿的差别。因此导致了学生的需求差异。

1. 对学习时间的需求不同

学生所在地时区分散，中文课程的安排需协调不同地区学生的时差、任课教师时间以及专业课时间等诸多因素。

2. 对授课形式的需求差异

在中国境内的学生普遍希望进行线下学习，与中文教师面对面交流。

而对处于境外的学生而言，线上教学是唯一的解决途径。但学生网络、设备等硬件设施条件不同，有的设备适合进行实时互动的网络课程，有的设备可以支持教学视频回放，还有的设备仅能通过邮件接收教学材料。

除此以外，一些学生为了参与线上课程需要到附近的城市租房或支付高昂的通信费用，部分地区无法下载和使用国内软件，中文线上教学的可持续性受到一定制约。

（二） 线上教学以及线上线下共行教学模式的探索

1. 线上教学的教学体验

线上教学对于网络和电子媒介具有强依赖性，境外学生不仅通过线上学习中文课程，其他课程以及与学校、导师的联络都需通过网络完成，长时间处于电子媒介环境中，容易产生生理疲倦。

农林高校国际学生中文教学与其专业课教学不同，并非单纯的知识传授，而是具有多模态感知需求并以交互为主要手段的技能培训过程。特别是零起点中文学习者以模仿为主，对教师示范有着较高的要求，但目前包括增强现实（AR）、虚拟现实（VR）、混合现实（MR）在内的扩展现实技术（XR）并未能在教学领域普遍应用。（闫志明等 2020）通过教学平台进行实时互动的网络课堂也处于“屏障式交互”之中，所呈现出来声影像精准度、清晰度以及沉浸感均会有所下降。

无实体、无物理形态的“空中”课堂无法有效隔绝外界干扰。师生所处的真实环境是所有参与者所处的空间之集合，场景的复杂性使师生不仅受自身周围环境干扰，还会受到对方、他人、网络等各种外界不稳定因素的干扰，需要应对的突发情况较线下课程有所增加。

2. 线上线下共行教学模式的初探索

线上线下共行模式是指同一课堂上既有通过线上远程学习的学生，又有在实体教室面对面学习的学生。

行业特色院校学生体量不大，但专业分布分散，学生层次丰富，中文与英文授课项目学生汉语水平差别较大，因此学生对中文课程的需求也多种多样，课程小班额现象较为普遍，亟需探索能够打破“实地”课堂与“空中”课堂之间“线”壁垒的对策，实现线上线下畅通共行。

北京林业大学在中国文化课堂中首次尝试了这种教学方式。首先，这种教学方式需要学校在硬件设备配置上给予充分支持，包括摄像头、麦克风、一体机、电脑、网络等，其次要求任课老师对授课软件操作娴熟。

从课后反馈来看，学生对这种方式接受度较好，线上学生能够看到讲台、板书等课堂情境，同时能与线下学生互动，代入感更强。但教师在课程反思中提到，教学场景线上线下切换，有时难以兼顾线上线下同学需求，细节设计有待进一步改进。

二、线上教育对农林院校中文教学的影响

（一） 优质教师与课程资源关注度增长

农林院校的根基和优势在于农、工、理学特色领域，与文科类、语言类院校相比，

中文教学建设成果优势不明显。疫情背景下，中文教学对线上教学的刚性需求激发了慕课等网络教学资源的建设与传播，教育领域的重点转移至线上资源的发掘、开发与利用。大量类型丰富、生动有趣、制作精良、师资优质的高水平线上中文课程受到了前所未有的高度关注。

这些优质的线上中文课程一方面作为教学资源用于开展翻转课堂等教学新模式，为农林院校中文教学提供支持和补充；另一方面，也将各类院校中文教学推到新的建设起点，促使农林院校对标国内外一流中文教学水平，积极思考发展方向与路径，以期在百家争鸣的线上中文教学浪潮中崭露头角。

（二） 教师作用与角色的重新定位

中文教学线上资源与模式的引入与应用，促使其与传统的教学方法和媒介解绑。一些教学环节正在经历分解、切割、设计，由新技术、新软件去完成，我们也开始重新审视教师在语言教学过程中的本质与功能。“中文知识的传授”功能可由慕课资源完成；“技能操练”功能可由中文学习软件达成；甚至“对话”功能也有望借助人工智能技术实现。那么在这场持续的教育变革中，中文教师未来的角色定位调整会引发中文教学理念的转变。

在新型的教育模式下，中文教师是能够敏锐捕捉最新教育技术与中文教学契合点的“先锋者”；是能够巧妙整合线上线下各类资源，提供更加贴合学生特性、个性化的学习方案的“设计者”；同时是注重提升学生中文自主学习能力，加速学生内化知识、举一反三的“引领者”。

（三） 教学过程溢出效应凸显

早期疫情防控背景下的全民线上教学推动了中文课堂的全面信息化、数字化进程，线上中文课能被完整地保存，一切教学活动有迹可循。线上平台的利用为中文教学在过程属性以外，附加了数据属性、案例属性和档案属性。

1. 数据属性

中文教学从教材、教辅资料、教学过程到作业、考试、评价无一例外都形成了可保存、可读取、可复现、可分析、可统计的数据包。当教学数据化，其分析、整合优势也凸显出来，即使学生千差万别，现代技术手段都可以实现在信息化的网络平台上随时调取教师教学数据、学生学习数据，形成分类别、个性化的数据报告。这有助于教师发现学习者问题，及时调整教学，提供更有针对性的教学方案；这有助于教学督导触及完全自然的课堂面貌，免除对教师、学生的压力干扰，并大幅提升督导效率、便捷性与理据性；这有助于学生多次、重复观看教学视频，补遗、巩固、复习学习重点，提升信息获得率，并通过获取自己的学习数据，对自身学习过程和语言发展状态有更加客观的认识。

2. 案例属性

线上中文教学的记录都可以成为案例。从教师专业发展角度来看，无论是技艺模式（Craft Model）、应用科学模式（Applied Science Model）还是反思模式（Reflective Model），（王添淼 2019）都需要教学案例提供支撑。比如，在技艺模式中，视频教学案例既可以提供示范、参考，也可作为讨论、分析的素材，磨炼并提升整个教学团队的教学能力。在应用科学模式中，教学案例可作为专家的实验或研究素材，为指导教学提供例证。在反思模式中，教师可以从自身的教学案例中总结经验，发现问题，比较自己的和他人的实践案例，从中发现问题，思考观察，得出解决问题的方法。

3. 档案属性

目前对中文教师的评价体系存在平面化、重结果、标准单一、缺乏“质化评价”等问题。线上中文教学的开展与普及提供了大量教学记录，这些记录成为教师教学档案和评价的重要组成部分，促进中文教师的专业发展。教师可以将自己优质的教学视频作为职业发展、专业化历程的充分证据和资料，形成个人的职业成长档案。将教学过程记录纳入教师教学评价中，能够促进评教评优更加客观、全面和真实。（王添淼、裴伯杰 2016）

三、对农林院校中文教学未来发展的几点思考与建议

（一）中文教学主阵地是行业中文教学

随着网络教学资源蓬勃发展，网上涌现了大量优质的通用型教学资源。但农林高校中文教学创新发展的主阵地并不在中文预科、中文专业学历教育等通用型中文教学，而在于与学科特色相融合的行业中文教学，这实际上是“中文＋”与“＋中文”的结合。

农林院校国际研究生中文教学是“＋中文”模式，即在学生已具备专业知识和技能的基础上，进行通用型中文及专门用途中文的培训，中文是其专业能力外的添加性能力；而其本科生教学则是“中文＋”模式，是先对学生进行中文教学，在学生掌握中文后，以中文为工具再学习专业知识。（吴应辉、刘帅奇 2020）

但无论是哪种模式，中文都是服务于农林专业学习。由于行业对中文水平有需求，因此对国际学生中文教学和质量提出了要求，也成了农林院校树立中文教学品牌的突破口。

作为特色领域院校，农林院校本身就具有学科特色和优势，其中文教学也必须重视自身特色学科优势和条件，开发行业特色课程，树立品牌意识，发展品牌中文课程和品牌项目。

（二） 加强农林特色中文教学线上资源建设

农林院校国际学生在学习中会遇到大量的专业知识用语，仅仅靠通用、交际性语言知识和技能无法支撑学生专业学习，亟需为从通用中文到专业中文提供衔接和过渡。

目前，农林行业领域无论线上还是线下的中文课程、教材、教学资源都十分匮乏，理工、西医、经贸、中医等领域都已有专业汉语学习资源，但农林学科鲜有成果。专业领域内中文学习资源的缺失不利于学生适应与融入专业学习，并可能导致学生在语言学习中产生挫败感、焦虑感等负面情绪，阻碍后续学习的开展。

在此背景下，加强行业范围内的中文课程和教学资源建设，实现中文教学的“特色＋”“农林＋”“互联网＋”是农林高校中文教学发展未来的重点和出路。要重视线上教学资源受众广、容量大、易共享等优势，认识到大变局中的教与学模式转变趋势，加强与政府、企业之间的进一步合作，着力开发建设线上资源，深入探索“产学研”融合。

（三） 利用线上平台的便利优势，加强交流与合作

“农林＋”中文教学具有交叉属性：既要符合第二语言的教学规律，体现语言的工具属性，（刘杰 2015）又要结合专业知识，因此需要加强专业教师与中文教师间、农林院校间的交流与合作。

线上平台的蓬勃发展为异地教学研讨创造了更加自由的条件，教师间、院校间的联络与沟通便捷顺畅。我国的农林高校研究领域相连相近，在学科和课程建设方面各有积累，可以院校联合，贡献各自所长，通过设置专题讲座等方式建设特色课程，共享优质资源，合力打造领域内线上精品中文课程。（李秉震 2020）

（四） 中文教学要服务于国际学生对中国的理解教育

语言与文化密不可分，农林高校的中文教学除了要培养学生专业领域语言能力，还要注重融入引导国际学生对中国的理解教育，特别是专业领域内文化理念及价值观的理解教育。

在语言教学中兼顾专业普及与文化引导，探索新模式，通过文化理念的比较、分析、相互吸纳，促进彼此理解，寻找彼此认同的文化共通点和价值观。

农林院校中文教学可以作为展示我国农林学科特色、宣传中国农林行业价值观的载体之一，提升我国农林行业在国际人文交流领域的显示度。

（五） 顺应全球线上教学契机，推进中文教学“外”置、“前”置

疫情推进了全球线上教育进程，过去一年在数字和远程教育方面取得的进步甚至超过了以往若干年的总和。在中国进入常态化疫情防控阶段后，不难发现，即使可以回归线下，许多线上的教学与管理模式依然被保留了下来。可见，线上教学虽始于防

止疫情扩散的紧急、必要之举，却带动了各行各业的深刻变革，由“被动”转向“主动”，并引发对于推进面向未来的教育的诸多新思考。

随着各国加大对线上教育的支持力度，人们对于线上模式接受度的提升，全球教育开放度更高，教育资源流通更趋自由，我们对未来教育供给的思考方式也正在发生变化。农林院校的中文教学应抓住线上教育的发展契机，流向有行业内中文学习需求的领域。

农林院校专业性较强，特色明显，因此对接的伙伴院校大多同为农林及资源、生态领域院校或科研机构、政府部门，生源群体相对稳定。稳定的生源链条和领域范围有利于农林院校中文教学对外建立定向、定点渠道，提供对方所需的中文教学。

通过疫情期间的实践，无论从正在开放的远程教育支持与服务，还是从不断扩大的学习规模来看，都体现了中国教育界对于互联网和现代技术驱动的智慧教育的探索。新冠疫情给行业特色院校国际学生中文教学带来了挑战，也带来了思考与机遇。

科技赋能，特色引领，未来的农林院校中文教学必将迎来新时期、新局面。

参考文献

1 闫志明、付加留、朱友良和段元美：“整合人工智能技术的学科教学知识（AI-TPACK）：内涵、教学实践与未来议题”，《远程教育杂志》总第 38 期，2020 年第 5 期，第 23—34 页。

2 王添淼：“国际汉语教师专业发展模式的构建”，《国际汉语教育（中英文）》总第 4 期，2019 年第 1 期，第 44—48 页。

3 王添淼、裴伯杰：“汉语慕课课程个案研究”，《民族教育研究》，2016 年第 2 期，第 128—132 页。

4 吴应辉、刘帅奇：“孔子学院发展中的‘汉语＋’和”‘＋汉语’”，《国际汉语教学研究》，2020 年第 1 期，第 34—37 页，第 62 页。

5 刘杰：“专业汉语课程标准的订立与教材编写——以《旅游汉语》为例”，《变革中的国际汉语教育——第四届汉语国别化教材国际研讨会论文集》，2015 年第 5 期，第 164—168 页。

6 李秉震：“疫情带给汉语国际教育事业的新思考和新机遇”，《语言教学与研究》，2020 年第 4 期，第 2—3 页。

趋同管理背景下的国际本科新生入学教育课程设置研究[*]

——以清华大学国际本科新生拓展营为例

刘清伶　邹　楠　杨　静[**]

摘要： 在全面实施中外学生趋同管理政策的背景下，从2017年起，清华大学在中国学生军训时，同期举办国际本科新生拓展营作为新生必修课程，推动国际学生入学教育创新，取得了良好的入学教育效果。国际本科新生拓展营涵盖体育、数学、中文等衔接课程与引导性讲座，帮助国际学生尽快融入清华、适应中国大学学习生活，同时增强中外新生集体凝聚力，形成了趋同管理背景下新生入学教育的新模式。本文对举办三年的拓展营课程设置进行研究，总结经验，并探讨国际新生入学教育的模式与改进方向。

关键词： 趋同管理　国际新生　清华大学　入学教育

Abstract: To fully implement the policy of convergence administration of Chinese and international students, Tsinghua University launched an International Freshmen Orientation program, compulsory for international freshmen and concurrent with the military training period for Chinese students. This program combines courses of physical education, mathematics and Chinese language and culture as well as orientation lectures, aiming to help international students better integrate into Tsinghua University, adapt to college learning and life in China, and enhance the cohesion of the freshmen community. It becomes a new mode of international students orientation with encouraging outcomes. This paper studies the curriculum design based on three years' practice, explores the new mode of international freshmen orientation and discusses future improvement of the program.

Key Words: convergence administration, international freshmen, Tsinghua University, orientation program

---

* 本文为清华大学学生工作研究项目（编号：THXSGZ2021-ZD-07）研究成果。

** 刘清伶，文学硕士，清华大学国际学生学者中心，研究方向为高等教育。
邹楠，教育学硕士，清华大学国际学生学者中心助理研究员，研究方向为国际学生管理。
杨静，文学硕士，清华大学国际学生学者中心，研究方向为国际学生管理。

一、研究背景

2016 年，清华大学制定并实施《清华大学全球战略》，加快提升国际化办学能力，提升国际人才培养质量，国际化办学进入由“增量”到“提质”的新阶段。在这一背景下，清华大学全面改革国际学生的管理机制，推行中外学生在招生、培养、学位和学生工作等方面的趋同管理，全面促进中外学生的交流融合。

中外学生趋同管理（以下简称“趋同管理”），亦有研究者称之为趋同化管理，“是一种针对来华留学生管理的新方案”，要求对国际学生的教育管理方式与国内学生大体相同。（徐艳春等 2016）在对国际学生采取与国内学生趋同管理模式的同时，应尊重规律，针对国际学生的特点采取有针对性的管理方式。在生活服务上，实行开放式管理，充分发挥公共服务体系的作用，在政策允许的范围内提供相应便利，增强认同感和归属感。（刘莉等 2019）

趋同管理是国家政策层面的引导和要求，中华人民共和国教育部出台的《留学中国计划》制定了 2020 年来华留学生达到 50 万人的目标，并明确提出了“积极推动来华留学人员与我国学生的管理和服务趋同化”。（教育部 2010）2018 年教育部出台了《来华留学生高等教育质量规范》，再次提出了推进中外学生管理和服务的趋同化。

趋同管理也是高等教育国际化的客观要求与国际高等教育领域的通行做法。随着我国国际学生规模的不断增长与高等教育国际化水平的提升，原有的“隔绝式”“特殊化”的教育与管理模式难以承载来华留学教育的目标与不断扩大的规模，难以形成更高水平的国际教育体系，也难以造就更高质量的国际人才。

本科生的入学教育，作为本科教育不可或缺的组成部分，也同样应遵循中外趋同理念。入学教育在国际本科生培养的整体环节中具有基础性和先导性的作用，有助于提高学生培养质量与趋同化管理水平。（江宇辉 2020）按照趋同管理理念，应在入学教育上对中外新生采用大体相同的方式，同时考虑国际学生特点做出有针对性的安排。探索如何将趋同管理理念从入学之初开始贯彻，创新入学教育体系，提升国际学生培养质量，成为清华大学中外学生趋同管理背景下的新课题与新需求。

从 2017 年开始，清华大学在中国学生军训时，同时举办为期四周的国际本科新生拓展营（以下简称“拓展营”），对标中国学生军训与入学教育安排，设置 3 学分的必修课程。同时结合国际学生情况，在“拓展营”时期，为约 300 名国际本科新生安排体育、数学、中文等科目的衔接课程与入学适应性讲座等内容，抓住国际学生融合与学习适应关键期，在入学教育阶段积极贯彻趋同管理理念，推动国际学生尽快适应清华大学的学习与生活，成为全国最先开设此类国际新生入学教育的高校之一。

表 1 显示了 2019 年拓展营期间的一周课程安排，包括不同内容的学习与训练。

表 1　国际本科新生拓展营一周安排表

第一周(8 月 19 日—8 月 23 日)

时间 \ 内容 \ 单位		第一大队			第二大队			第三大队			第四大队		
		1 小队	2 小队	3 小队	4 小队	5 小队	6 小队	7 小队	8 小队	9 小队	10 小队	11 小队	12 小队
8 月 19 一	上午	体能训练与团队建设 (9: 00—11: 15)			体能训练与团队建设 (9: 00—11: 15)			体能训练与团队建设 (9: 00—11: 15)			体能训练与团队建设 (9: 00—11: 15)		
	下午	开营仪式 讲座 1											
	晚上	拓展营团队破冰活动											
8 月 20 二	上午	体能训练与团队建设 (9: 00—11: 15)			体能训练与团队建设 (9: 00—11: 15)			体能训练与团队建设 (9: 00—11: 15)			体能训练与团队建设 (9: 00—11: 15)		
	下午	数学课(时间：14: 00—15: 35)/中国语言与文化课(时间：14: 00—15: 35)											
8 月 21 三	上午	数学课(时间 9: 00—10: 35)/中国语言与文化课(时间：9: 00—10: 35)/办理居留许可											
	下午	团建活动/办理居留许可											
8 月 22 四	上午	体能训练与团队建设 (9: 00—11: 15)			体能训练与团队建设 (9: 00—11: 15)			体能训练与团队建设 (9: 00—11: 15)			体能训练与团队建设 (9: 00—11: 15)		
	下午	讲座 2、讲座 3、讲座 4											
8 月 23 五	上午	定向越野(时间：9: 00—11: 15)						定向越野(时间：9: 00—11: 15)					
	下午	数学课(时间：14: 00—15: 35)/中国语言与文化课(时间：15: 35—17: 10)/办理居留许可											

2017 至 2019 年，清华大学在拓展营的实践中，对课程设置进行了探索和调整。从 2017 年仅开设中文课到 2018 年针对不同专业大类学生分别开设数学课与中文课；体育类课程由单一的以集体凝聚力建设为目标的太极拳训练，转变为对标大一体育测试必测项目，开设游泳课、清华拳、体质测试等。在实践中不断探索入学教育的深度与广度，充分考虑中外学生趋同融合与国际学生学习生活适应的需求，不断完善课程与活动安排。

在趋同管理的背景下，清华大学同时开展中外学生入学教育，是国内开设国际本科新生拓展类似课程为数不多的高校之一，2017 年至 2019 年，近 900 名国际本科生参加了入学教育，这也使这一课程具有一定的研究价值与借鉴意义。面向国际学生设定的拓展营课程设置具有自身特色，有利于探索国际学生入学教育的新载体和新形式。

二、 研究现状

高校新生入学教育主要是“为了让新生对学校、大学学习与生活的基本特点有更为深入而细致的认知和了解，尽快完成从高中到大学的角色转变”。（胡亮亮、张廷龙 2020）国内高校的本科新生入学教育一般以军事训练、思想政治、心理健康、高校入门教育等为主要内容，而国外的很多高校将新生入学教育视为一种学生适应服务方案。二战后，越来越多西方高校注重在课程里加入入学教育的学业内容。（赵凯 2016）在新生入学教育中增加专业课程内容也得到了国内研究者的呼应，有研究者提出应在专业教师端，以专业课程为主导，融入思政教育，提供贴近新生专业的课程指导，逐步引导新生适应大学的教学模式。（胡亮亮、张廷龙 2020）

在现阶段，绝大部分与本科新生入学教育相关的研究关注的群体为中国学生，而针对国际学生的入学教育相关研究较少。现有与国际学生入学教育相关文献主要关注并论述入学教育的模式、必要性、问题等宏观方面。崔淑慧认为国际学生入学教育内容主要可以分为生活适应教育、学习适应教育、心理适应教育和文化适应教育四个方面，同时指出国际学生的入学教育存在缺乏连续性、内容上缺乏系统性、组织上缺乏协调性等问题。（崔淑慧 2014）全春花探讨了国际学生入学教育应包含的九大方面内容，包括校情校史教育、规章制度教育、学习方法教育、生活指导教育等。（全春花 2018）游浚、王雪姣从生活适应教育、学习适应教育与心理适应教育等三个方面论述了来华留学生入学教育应涵盖的内容与改进的方面。（游浚、王雪姣 2018）徐正丽、李一媛、吴宇力则从入学教育方式创新的角度探讨了桂林电子科技大学结合学校实际采用信息化手段，以计算机教育游戏的形式开展国际学生入学教育。（徐正丽等 2014）

国内研究者针对以上内容进行了探索，但整体而言，对国际新生，特别是国际本科新生的入学教育尚未进行较系统的探讨，对这一领域的研究有限。在中外学生趋同管理背景下的国际学生入学教育，现阶段研究关注较少，对趋同管理背景下开展入学教育的课程与内容设置尚未涉及，对入学教育的特点、课程设置应予考虑的差异性与趋同化结合的安排等尚未有深入研究。

三、研究问题与方法

本研究主要关注三个方面的问题：1. 拓展营课程设置对于国际本科生适应及中外学生融合的效果；2. 拓展营课程设置对于国际本科生需求的匹配度及其满意度；3. 拓展营课程设置有待改善之处。

为解决以上问题，本研究采用了以下方法：1. 问卷调研与分析。研究针对课程内容与整体情况进行问卷调研，针对三年来参与拓展营的本科新生进行满意度与评价调研，分析相关数据，着重关注课程设置部分。2. 焦点小组（focus group）访谈。由拓展营相关工作人员主持，与曾参与拓展营不同年级、不同专业背景的国际学生进行访谈，就拓展营课程内容进行交流，引导被访谈者就研究问题充分发表意见。3. 课程观摩与旁听。研究针对拓展营三大部分课程——体育训练、数学或中文课、入学教育引导性讲座进行每项内容至少两次的旁听与观摩，对学习效果及课堂情况进行记录，并与任课老师进行交流。

四、研究发现

1. 课程设置总体满意度较高，对于中外学生融合有促进作用

2017 至 2019 年参与拓展营国际本科生中，共有 587 人参与问卷调研，对拓展营总体满意度接近 70%，其中对于拓展营课程设置有助于适应大学学习与生活认可度为 77.5%，有助于结识新朋友认可度接近 80%。

课程设置的体育训练、数学课、中文课、入学引导讲座分别对应中国学生军训期间相应内容，入学引导讲座尽量安排中外学生共同参加，整体上有助于国际学生在入学阶段即改变以往“特殊化”的状态。而“特殊化”易造成同一校园中外学生之间的相互隔绝，不利于优势互补、共同成长。（黄展、刘晶 2014）在中国学生军训期间开展相应训练与学习，有助于集体观念养成和中外学生融合，从而促进国际学生适应大学学习生活，这也获得了学生们的认可。

2. 数学课有助于学生适应中国课程体系，但难度高，宜加强衔接

约 60%的参与学生认为数学课的开设对其有帮助，有助于了解大学阶段的学习，帮助其适应大学课程。但同时，超过半数的学生认为数学课较难或偏难。同时，大班统一上课也给部分同学带来挑战。因学习程度和语言基础的差异，部分同学在访谈中指出分班和小班教学的必要性，同时指出分班教学有利于提升课堂氛围，从而提高教学效果。

对于超过半数学生认为难度较大的情况，部分学生及任课老师反映应提升课程针对性，考虑到学生来自近 50 个不同国家及地区，高中教育阶段学习程度不同等实际情况，宜对课程内容予以调整，转为关注高中课程，引导学生向大学数学课程过渡，增强对学生的引导，从而提升学习效果。

3. 中文课程满意度呈现上升趋势，与学习生活相关内容评分高

对中文课程的满意度呈上升趋势。2017 级参与学生中有 58.7%认为中文课程一般，25.5%认为没有帮助。在 2018 级参与学生中，仅 27.59%的学生认为一般，表示满意或非常满意的比例达到 58%，在 2019 级学生中满意度更是接近 80%。

课程在近三年中不断调整。2017 年全体学生必修中文课，忽视了学生专业背景与中文水平高低。2018 年与 2019 年两年改为选修，允许学生在数学课与中文课中进行选择。同时针对课程内容，2018 年开始进行了较大调整，更加重视全体学生已有至少 HSK5 中文水平的现状，在课程内容上增加了与中国大学学习、北京生活更为相关的内容，如中外语言接触与文化交涉、饮食与中国文化等，从而提高了学生的获得感与满意度。

4. 体育课有助于国际学生了解中国学生体验，满意度高且连年上升

体育课程满意度较高，且呈现逐年上升趋势。2017 级学生中对体育课表示满意的超过 68%，2018 级学生满意度为 76.5%，2019 级学生满意度则超过 80%，呈现了连年上升趋势。

体育课程也在三年中不断调整与完善。2017 级学生体育课分为不同专项，如排球、篮球等，四周专门学习某一专项。2018 年开始则对标大学体育测试内容，改为与本科期间体育课紧密衔接，增强过渡，引导学生逐步适应清华大学要求较高的测试标准，并学习游泳等清华必测科目，从而增强了学生的收获感与学习效果，促进了满意度的不断提升。

开展体育训练，不仅为了对标大学课程，还是学校贯彻趋同管理理念的举措，促进中外学生参与共同活动、获得共同体验，达到交流融合的目的。在焦点小组访谈中，部分同学对此表达了认可，认为体验了中国学生的军训，消除了其“局外人”的感受，更有助于学生融入清华家园。

5. 引导性讲座内容应与大一生活密切相关并关注学习资源

对于 10 场入学引导性讲座，满意度差异较大，从满意度最高的“国际学生选课情况介绍”（47.65%）到最低的讲座（满意度为 9.4%），分化较大。在访谈中，部分学生表示讲座数量偏多，个别讲座与学生入学阶段的关注点、需求不匹配，学生收获感较少。在课堂旁听阶段，能感受到部分讲座效果一般，所讲内容与入学新生的需求有一定差距，而关于学习资源、选课等与大学学习密切相关的讲座，学生提问及交流十分踊跃，体现了较高的参与热情。

针对以上情况，应进一步调整讲座设置，充分考虑大一国际新生的需求与理解力等情况，对于学生满意度较低、与引导适应学习生活相关性较少的讲座应予以调整，可考虑安排到正式入学之后进行。

6. 数学课宜增强专业术语的中英文对照引导

除了数学课本身的难度之外，多位同学指出专业术语带来的理解问题，因其本身在中学阶段接受的是英文教育，故面对数学课全中文讲授，在理解专业术语方面存在困难。

针对国际本科新生来自近 50 个国家的情况，应适当增加数学课上对专业术语的中英文对照讲授，便于学生理解与尽快适应。对于专业术语的理解问题，可在拓展营中的数学课增加相关讲座或专门开设专业术语中文课程讲授，从而提升学习效果。

7. 数学与中文课的课时量可继续增加

对于目前开设 11 次体育训练（每次约 2 小时）与 6 次数学课（每次 1.5 个小时）、6 次中文课（每次 1.5 个小时）的情况，在访谈过程中，大部分学生及任课老师认为目前体育课数量与时长设置较为合理，能够让学生在训练期间对大学课程有所了解。对于数学课与中文课的课时数量，部分学生表示，自己的学习水平与中国学生及大学的要求有差距，特别是数学课有一定难度，应考虑增加课时量，充分利用拓展营减少差距。

可以充分利用新生拓展营的四周时间，在适度减少引导性讲座数量的基础上，增加数学与中文课时，关注专业术语引导、高中课程与大学课程衔接等内容，从而更好地引导学生适应大学学习。

五、 总结与思考

清华大学国际本科新生拓展营是中外学生趋同管理背景下国际学生入学教育的探索与实践。学校积极践行中外学生趋同管理理念，以国际本科新生拓展营为载体，在课程设置上充分考虑同期中国学生入学教育内容，结合体育训练与相关科目学习，对促进国际学生适应中国大学学习、培养集体观念、开展中外学生交流融合等方面效果明显，在总体上也获得了学生的认可，在实践中推动了国际学生融入学校、适应中国大学的学习生活。对于课程设置的研究可以给国际本科新生入学教育提供启迪和参照。

拓展营课程可保持目前的基本设置，结合体育、数学、中文等衔接课程与引导性讲座等内容，推动中外学生融合与国际学生的适应性引导。本着中外学生趋同的目标，用体育训练代替军事训练，既能让同期国际学生体会到与中国学生相似的体验，同时衔接了大学体育课程，使其不再“特殊”。针对其背景与教育情况的数学与中文等课程安排，则对应了中国学生相应的课堂学习与讲座时间，有助于其适应大学课程学习。

数学课应成为课程设置中的关注重点之一，建议增加课时量、增强对高中课程关注度，同时关注专业术语的中英文对照讲授。数学是许多专业的必修课，也是国际学生感到难度大、挂科率高的科目，应充分利用入学教育阶段，将数学课设置与内容衔接作为工作重点之一。中文课与引导性讲座应紧密结合学生情况与需求，同时考虑必要性，予以优化，提升学生的收获感与学习效果。

可考虑增加入学教育课程的延续性，不将课程局限于拓展营的四周时间。针对学生反映课时量偏少、学习难度大的情况，在入学教育阶段的四周时间内难以根本解决。入学教育本身具有延续性，是一个长期的过程，入学第一年是教育的关键期，（崔淑慧 2014）关系到国际学生能否全面适应大学生活。学校可利用周末、大一寒暑假等时间，针对国际学生学习背景差异补短板，使其尽快适应大学学习。

提升课程设置的系统性与专业性，加大教务部门参与度。目前国际本科新生拓展营的课程组织与设置以清华大学国际学生学者中心与学生处为主，而这两个部门并非教育培养专业部门。新生入学教育由学生工作相关职能部门推进，容易陷入“学生工作由学生归口部门教育管理”的误区。（胡亮亮、张廷龙 2020）可加强拓展营的顶层设计，提升课程设置的系统性，教务部门充分参与，结合在校国际学生学习情况，对于课程设置的内容、数量与师资选配予以安排，提升学生学习成效，保证入学教育效果。

参考文献

1 崔淑慧：“高校留学生入学教育模式探讨”，《高教探索》，2014 年第 3 期，第 154—158 页。

2 胡亮亮、张廷龙：“高校新生入学教育实效性问题探究”，《高教学刊》2020 年第 3 期，第 69—70 页，第 73 页。

3 黄展、刘晶：“高校国际学生趋同化教育管理理论与实践探析”，《国家教育行政学院学报》，2014 年第 6 期，第 68—71 页。

4 江宇辉、袁浩歌和邹楠：“创新工作载体　探索国际本科新生入学教育新模式——以清华大学为例”，《北京教育（高教版）》，2020 年第 2 期，第 62—65 页。

5 刘莉、丁洁和杨俐：“校院两级体制下的留学生趋同化管理探索—以复旦大学为例”，《外国留学生工作研究》，2019 年第 3 期，第 65—71 页。

6 全春花：“外国留学生入学教育工作实施策略——以浙江农林大学为例”，《西部素质教育》，2018 年第 15 期，第 155—156 页。

7 游浚、王雪姣：“来华留学生入学教育探讨”，《现代商贸工业》总第 39 期，2018 年第 7 期，第 183—184 页。

8 徐艳春、李文武和鲁玲：“高校来华留学生趋同化管理的研究”，《教育教学论坛》，2016 年第 43 期，第 11—12 页。

9 徐正丽、李一媛和吴宇力：“基于计算机游戏技术的留学生入学教育模式探讨”，《中国电力教育》，2014 年第 2 期，第 232—233 页，第 239 页。

10 赵凯：“高校新生入学教育研究述评”，《文教资料》，2016 年第 7 期，第 100—101 页。

11 中华人民共和国教育部：“教育部关于印发《留学中国计划》的通知”，2020 年 9 月 21 日，http://www.moe.gov.cn/srcsite/A20/moe_850/201009/t20100921_108815.html。

开设高等学术论文写作课程 提升来华留学研究生学术写作能力*

陈 畅 潘崇堃 刘广青**

摘 要： 在提升我国软实力、扩大教育对外开放、提高国际学生教育国际化水平与质量的关键时期，面向来华留学研究生开设全英文高等学术论文写作课程，符合国家教育国际化的发展战略，具有创新性和重要意义。新冠疫情对国际学生教育提出了新挑战和新任务，如何保证在线课程教学质量是课程教学的重要课题。本文将在课程建设和教学设计、经验和收获等方面展开介绍。

关 键 词： 来华留学研究生 高等学术论文写作课程 语言错误 课程设计 新冠疫情

Abstract: In the critical moment of improving China's soft power, expanding the opening of higher education to the outside world, and improving the quality of international students' education, it is necessary to offer Advanced Academic Writing course for international graduate students. Besides, COVID-19 pandemic poses new challenges and new tasks for international students' education. How to ensure the quality of online teaching, is also one of the responsibilities of course teaching. This paper introduces the experience and gains in terms of curriculum construction and teaching of the course.

Key Words: international graduate students, Advanced Academic Writing course, language errors, course design, COVID-19

一、引言

随着我国国际影响力的日益增强和高等教育对外开放程度的不断加深，我国高校国际学生教育在数量和教育层次上都在不断提高。在这个大背景下，开展全英文高等学术论文写作课程教学和研究，不仅满足了国际学生高层次教育需求，具有开创性和重要性，更是顺应了我国教育国际化的发展趋势。

* 本文系中国高等教育学会外国留学生教育管理分会科研课题（CAFSA2020-Y007），北京化工大学2021年研究生教育教学改革项目（G-JG-PTKC202102），北京化工大学来华留学研究生全英文精品课程重点项目，北京市"一带一路"国家人才培养基地英文授课课程建设项目阶段性研究成果。

** 陈畅，北京化工大学教授、博士生导师。
潘崇堃，教授，北京化工大学英语系主任。
刘广青，教授，北京化工大学国际教育学院院长。

学术论文是科研工作者最主要的研究成果展现方式，对树立良好学术氛围和促进学术交流都发挥着极其重要的推动作用。（Gastel and Day 2016）尤其是科学引文索引（Science Citation Index，SCI）论文作为衡量和评价不同层次研究群体研究水平的重要指标，在我国越来越受到重视。SCI 收录的几千种国际期刊绝大多数要用英文撰写（蔡基刚 2018），“双一流”建设背景下，发表英文论文更是我国高校取得国际学术话语权的必要条件之一。因而很多高校将能否发表英文研究论文作为衡量研究生科研能力、完成培养目标的考核指标（袁本涛等 2014，刘海涛等 2019）。来华留学研究生是我国研究生教育的一部分，因此同样需要学习和提高撰写英文科研论文的能力。但来华留学生由于自身教育基础、语言文化以及宗教信仰等方面差异显著，他们对课程教学的内容和方法存在不同的需求。因此，针对这一受教育群体，高等教育工作者就需要在掌握来华留学生学习现状的基础上，因势利导、因地制宜地设计与之相匹配的教学方案。

二、来华留学研究生学术英语写作现状分析

来华留学研究生学术英语写作现状分析是制定相应教学计划的必要基础（熊杰等 2010）。以北京化工大学为例，2018 年来华留学研究生招生规模已达 226 人，其中博士生 79 人、硕士生 147 人。这些学生主要来自“一带一路”国家，其中来源国排名前三位的是巴基斯坦（45.3%）、沙特阿拉伯（19.1%）、土库曼斯坦（7.5%），其余为印度尼西亚、乌兹别克斯坦、哈萨克斯坦、缅甸、吉尔吉斯斯坦、俄罗斯、老挝等国。（陈畅、刘广青 2021）

语言表达能力是写作的基础。Bachman 和 Palmer 将可以测量的语言能力分成语法知识、篇章知识、功能知识、语用知识和元认知策略五大类（Bachman and Palmer 1996）。从语言能力来看，国内教师曾想当然地认为国际学生的英语应该不错。然而，笔者经过几年的观察发现，情况绝非如此。国际学生来源广泛，多来自“一带一路”沿线国家。如笔者课堂上有国际学生 80 人左右，来自 10 余个国家，其中英语为母语的不到 5%，他们提交的论文文本中存在着大量语言错误，语言能力不过关的情况比较突出。即便一些国际学生英语口语流畅，他们的英语写作中也同样存在着行文缺乏逻辑、条理不清、结构混乱的问题。由于本文篇幅有限，下面仅从国际学生论文中摘取 3 个典型语言错误案例：

例 1：Experts focused in climate had determined a notorious increase of carbon dioxide（CO_2），methane（CH_4）and nitrous oxide（N_2O）concentrations in the last century due to overuse of these fossil fuels for the industrialization of society. 仅从语法和语义的角度来看，这个句子存在着明显的语言错误：首先，逗号之前应该是复合结构，即包含了一个先行词为 Experts 的定语从句，但是由于原句中缺少了关联词 who，两个动词 focus 和 determine 同时使用就产生了逻辑混乱。其次，动词 focus 应该与介词 on 搭配，而不是 in，Experts who focus on climate 很啰嗦，可以直接改成 Climate scientists。第三，时间状语 in the last century 放在这个位置是用来修饰 increase of carbon dioxide（CO_2），methane（CH_4）and nitrous oxide（N_2O）concentrations，还是修饰原句中的 had determined 会产生歧义。

例 2：Global warming in the current rapid rates of change encourage the effort to reduce the emission of CO_2 and other greenhouse gases using different non harming energy sources to secure energy supply. 这个句子同样问题颇多。首先，存在主谓不一致的问题：原句的主语 Global warming 是一个抽象名词，因此谓语动词 encourage 应该用第三人称单数的形式才能与主语保持一致。其次，global warming in the current rapid rates of change 这一短语似乎是想表达全球变暖日益严重这一情况，但用 current rapid rates of change 来修饰 global warming 不符合英语习惯，根据原文语境，可以改成 The deterioration of environment caused by global warming。再次，用动词 encourage 做谓语在语义上搭配不当。根据 Oxford Advanced Learner's Dictionary 释义，encourage 主要有两个用法："to give sb support，courage or hope" 和 "to persuade sb to do sth by making it easier for them and making them believe it is a good thing to do"，（505）因此该词放在原句中是不合适的。最后，using different non-harming energy sources to secure energy supply 这个动宾结构是用来补充说明哪个结构？仔细分析可以看出，原文中 using 的一词应该是人作为施事者，即人用无害的能源来保证能源供应，而不是 other greenhouse gases，因此这个 using different non-harming energy sources to secure energy supply 放在这里还是错误的。这个句子可以重新改写成：The deterioration of environment caused by global warming forces people to use non-harmful sources to secure energy supply so as to reduce the emission of CO_2 and other greenhouse gases.

例 3：Both processes are wide used but the application of thermochemical conversion generates the need of high temperature and dry materials. 这句并列句中有两个问题：首先，应该用副词 widely 修饰 be used 这一谓语结构；其次连接词 but 使用不准确，使得其前后两部分语义的逻辑关系令人费解。

除了薄弱的英语写作功底之外，这些学生此前并未接受过系统的英语学术论文写作培训，缺乏对英文学术论文撰写的要求、原则、方法、技巧、语言运用特点、投稿、道德标准等基本知识的了解。因此，如何有效提升来华留学研究生的英文学术论文写作能力，就成了亟需解决的课题。

三、开设高等学术论文写作课程，全面提升来华留学研究生学术英语写作水平

（一）高等学术论文写作课程的基本情况与目标

针对上述现状，为满足来华留学研究生提高学术英语论文写作能力的需求，自 2016 年起，笔者开设了高等学术论文写作（Advanced Academic Writing）全英文课程。总体来说，课程建设目标是"打造一门普适性强（适用于各理工专业）、高层次（面向来华留学博士生、硕士生）、适应国际化要求的（全英文授课、国际标准）、一流

水平（国内领先）、真正提升学生实操能力（能力培养贯穿始终）的示范课程”。（陈畅、刘广青 2021）具体而言，该课程将实现以下四个方面的培养目标：

1. 提高撰写英文研究论文的能力：促进学生提升英文文献综述能力、提高数据统计和分析处理能力、学习图表制作技巧、初步了解期刊投稿流程，并通过一定的论文写作实践，掌握高质量英文研究论文的撰写方法。

2. 提高学生的思维能力：教学以学生为中心，学生不仅是课程的参与者，也是课程的创造者，通过各种教学设计的实施，加强师生互动，鼓励学生不拘泥于书本知识，敢于“挑战权威”，从“单纯的学习者”转变为“反思型学习者”。

3. 培养科学素养：教学过程中以国际期刊高水平研究论文为实例，结合授课教师的亲身发表经验，培养学生不怕失败、积极探索的意志精神，锻炼学生严谨的写作态度和作风，养成踏实认真、一丝不苟的习惯。

4. 激发写作兴趣：兴趣是最好的老师，通过启发式教学，以及生动、鲜活、深入的实例，使学生体会到获得知识、传播知识和应用知识的乐趣，增强对发表高水平学术论文的信心和兴趣。

（二） 高等学术论文写作课程教学内容与教学方法探索

高等学术论文写作课程共 48 学时，3 学分，采用全英文教学，系统传授从准备工作，到最后发表英文学术论文所涉及的所有环节与过程的基本知识和应对方法，包含了数据处理、绘图、文献管理辅助软件的操作训练，以及模拟论文撰写训练等实践环节。教学内容框架与学时分配如下：

表 1　教学内容框架

章　节	内　　容	学　时
1	Introduction	1
2	Importance and Characteristics of Scientific Paper	1
3	How to Select an Appropriate Journal?	2
4	Start from *Instruction to Authors*	2
5	Principles and Grammar in Writing	2
6	Novelty and Significance	2
7	Article Types/Review，Full Research Article，Communication	2
8	Main Structure	1
9	How to Organize Abstract/Introduction/Methods/Results/Discussion/Conclusion?	6

（续表）

章节	内容	学时
10	Data Processing and Displaying	2
11	Prepare Figures and Tables in High Quality	2
12	Practice on Important Software	8
13	Always Follow the Style of Journal	1
14	Submission and Review Process	1
15	Revision and Acceptance for Publication	1
16	Ethics	1
17	Against Plagiarism	1
18	Writing Practice	12
	合计	48

在教学模式上，教学团队依据杜威的经验主义教育理论，强调以学生为主体，以具体问题为中心，（Moallem et al. 2009）即围绕学生学术写作中的具体问题设计和组织教学活动。通过建立这种“问题导向式学习（problem based learning，PBL）”，引入大量经典实例展开对比分析，并结合作业实训切实提高国际学生能力达成度，全面提升课程的教学质量和水平。在教学手段上，运用现代教育技术手段，设计开放式学习内容和全新的教学过程，并录制教学视频，开展翻转课堂式教学，从问题剖析入手，通过正面与反面实例的对比，便于学生迅速抓住要点。在课件制作和教学环节设计方面，注重实效性，善于联系实际。既立足于现有的教学内容进行开发和挖掘，又吸收和引进科技领域经典学术文章，完善充实到教学中去，开阔学生视野、扩大知识面。为提高国际学生英语写作中的语言能力和学术写作规范，课程教学团队对症下药，根据目前的国际惯例，增加了一名在学术写作方面经验丰富的英语专业教师专门负责这部分内容的教学工作，获得了良好效果。

经过五年建设，该课程已成为北京化工大学化工、化学、材料、数理、信息、生命、机电学院的理工科专业来华留学研究生重要的基础课程，多数专业已将其列为来华留学研究生培养计划的必选课程。该课程还获得了中国高等教育学会外国留学生教育管理分会科研课题、北京市“一带一路”国家人才培养基地英文授课课程项目、北京化工大学来华留学研究生全英文精品课程重点项目和研究生教学改革项目资助，并获评校级“研究生核心示范课程”，是十门获批课程中唯一的国际学生全英文课程，对提升来华留学研究生学术写作能力和培养质量发挥了重要作用。

四、后疫情阶段展望

新冠疫情深刻改变了全球人类生活的各方各面，对高等学校的教学活动产生了深远影响。我国高校虽然已经恢复线下授课，但因国外疫情形势严峻，大量来华留学研究生未能按时返回中国，线上远程授课成为疫情期间乃至今后相当长一段时间内的必要手段。

笔者发现学生线上远程教学的困难主要为：1. 上课时间不易协调。由于时差等原因，导致很难妥善协调上课时间。课程涉及人数越多、学时越长越难以协调。2. 网络质量缺乏保障。学生的网络速度与质量参差不齐，有些达不到授课要求，甚至有些没有稳定的网络。3. 教学质量无法保证。线上授课缺乏面对面互动，为了保证流畅度不得不关闭摄像头，因此，如何确保学生的听课质量也是远程教学的挑战之一。

面对以上困难，笔者认为，授课教师可以通过加强与学生的互动和交流，按照“课前—课中—课后”全覆盖的思路，采取下列方式逐步解决，从而将疫情对课程教学质量的影响降到最低。

首先是课前环节。教师通过微信平台建立课程交流群，提前了解学生上课时间及其网络情况。安排上课时间时，本着以学生为中心的原则，尽量照顾多数学生的时间。此外，教师需提前发布上课用的网络平台链接，以便学生能够按时进入课程学习平台。

第二是课中环节。为保证每个学生都能够获得学习机会，教师在直播授课的同时录制授课内容，以便为由于种种原因无法按时上课的学生提供回放资料。对于实在无法参与线上直播教学的学生，允许其将来返校后重新线下上课。此外，授课期间，教师还要随时关注网络信号，适当控制语速，及时关注学生反馈和学习情况，同时增加提问次数，围绕授课内容展开互动讨论，提高学生参与度，确保授课效果。

第三是课后互动环节。在疫情严峻的形势下，来华留学研究生在国外的思想状况值得关注。他们有的身处疫情中心，承受着巨大心理压力，有的日常生活受到了较大的干扰。如何利用线上课堂为国际学生提振信心，让他们更加读懂中国，更是需要授课教师积极思考的重要问题。

五、结语

高等学术论文写作课程经过五年的摸索，教学效果获得了来华留学研究生的高度认可和其导师的好评。下一步教学团队将与时俱进，不断加强内容更新，进一步深化课程改革，尤其是基于 PBL 教学模式开发教学案例库和配套的教材，并进一步健全考核评价方式。通过打造一流师资、一流资源、一流方法，提升课程国际化水平，成为国际学生全英文教学的精品课程，更好地发挥在“一带一路”沿线国家高水平研究生教育领域的示范作用。

参考文献

1 Autores, Varios: *Oxford Advanced Learner's Dictionary*, 9th ed., Oxford: Oxford University Press, 2015.

2 Bachman, Lyle F. and Palmer, Adrian S.: *Language Testing in Practice*, Oxford: Oxford University Press, 1996.

3 陈畅、刘广青:"留学生高等学术论文写作全英文课程建设探索",《化工高等教育》, 2021 年第 3 期, 第 49—53 页。

4 蔡基刚:"国际期刊论文写作与发表:中国研究生必修的一门课程",《学位与研究生教育》, 2018 年第 4 期, 第 10—15 页。

5 Gastel, Barbara and Day, Robert A.: *How to Write and Publish a Scientific Paper?*, 8th ed., Cambridge: Cambridge University Press, 2016.

6 刘海涛、王贵和刘焕牢:"SCI 论文和发明专利驱动的研究生创新能力培养模式研究",《工业和信息化教育》, 2019 年第 6 期, 第 16—19 页, 第 23 页。

7 Moallem, Mahnaz, Hung, Woei and Dabbagh, Nada: *The Wiley Handbook of Problem-Based Learning*, New Jersey: Wiley Blackwell, 2019.

8 熊杰、徐艳霞和李晓蓉:"明确教学目标,降低全英文教学难度—留学生医学药理学教学初探",《西北医学教育》, 2010 年第 2 期, 第 251—253 页, 第 313 页。

9 袁本涛、王传毅、胡轩和冯柳青:"我国在校研究生对国际高水平学术论文发表的贡献有多大?",《学位与研究生教育》, 2014 年第 2 期, 第 57—60 页。

疫情对来华留学教育的影响及对策研究*

王新瑞　张海军**

摘 要：新冠肺炎疫情对高等教育国际化影响深远，全球留学教育随之呈现出新的方向和形式。文章分析了新形势下来华留学教育面临的挑战与机遇，认为高校“化危为机”的重要原则是践行“人类命运共同体”理念。结合调研与实践，本文提出的对策是：落实“加快和扩大教育对外开放”具体任务；推行“一体化、趋同化”管理原则；实施“信息化、网格化、刚性化、人性化”管理方式；采取“优化生源结构、保障培养质量、打造精品项目”关键举措。通过精准施策，统筹做好疫情防控常态化与来华留学教育工作，进一步规范管理和提质增效，做强“留学中国”品牌。

关 键 词：疫情　来华留学教育　人类命运共同体　趋同化

Abstract：The COVID-19 has a far-reaching impact on the internationalization of higher education, and the global education for overseas students is showing new directions and forms. This paper analyzes the challenges and opportunities faced by international student education in China, and holds that the most important principle is to practice the concept of “A community with a shared future for mankind” . Based on the investigation and practice, the countermeasures are as follows：to implement the specific task of “Accelerating and expanding the opening of education”；to implement the management principle of “Integration and Convergence”；to implement the management mode of “Informatization, Gridding service, Rigidity and Humanization”；to take the key measures of “Optimizing the structure of students, Ensuring the quality of education, Building excellent projects”. Through accurate implementation of policies, we should make overall control for the COVID-19 and improve quality and efficiency of international student education in China.

Key Words：COVID-19, international student education in China, a community with a shared future for mankind, Convergence Management

---

*　本文系中国高等教育学会外国留学生教育管理分会 2020 年度科学研究课题《“一带一路”背景下校政企合作培养国际学生模式研究》（编号：CAFSA2020 -Y024）阶段性研究成果。

**　王新瑞，河海大学国际教育学院综合科科长，研究方向为高等教育管理。
张海军，河海大学国际教育学院院长，研究方向为高等教育管理。

一、引言

当今世界正经历百年未有之大变局，新冠肺炎疫情则加速了这个大变局的演进。与此同时，逆全球化、保护主义和单边主义暗流涌动，使得这个大变局不断产生剧烈振荡，高等教育国际化进程也于其中发生着深刻调整。有数据显示，超过 130 多个国家的教育受到疫情重大影响，超过 6 000 万接受高等教育的国际学生无法到校学习。根据国际高等教育咨询机构 QS 发布的白皮书，受疫情和各国边境政策影响，半数以上的留学生倾向推迟或更改出国学习计划（QS 网 2020）。

近年来，中国跃居成为仅次于美国和英国的世界第三大留学目的地国，高等教育国际影响力显著提升。然而，疫情爆发使来华留学教育的优势和短板均有显现，突逢关键机遇和严峻挑战，在此背景下高校如何强化顶层设计、保障招生和教育教学质量、应对疫情常态化管理、推进中外人文交流，对做大做强“留学中国”品牌影响深远，有必要作为新的课题开展深入研究和实践。

二、挑战与机遇

（一）来华留学招生环境面临挑战

经过数月艰苦卓绝的抗疫斗争，世界各国看到了中国为全球抗疫贡献的智慧和力量。（人民网 2020）但是，以美国前总统特朗普及有关政治势力蓄意歪曲事实，将新冠肺炎疫情强行“政治化”和“污名化”，为不实谣言的产生和传播提供了可能。部分外国学生因此对中国产生误解，严重干扰了他们申请来华留学的主观动机，中国高教学会留管分会的一项调查显示，相比去年同期来华留学申请人数下降了约 30%。另一方面，世界经济下行压力较大，国际学生家庭经济条件受到冲击，促使他们需要慎重考虑留学成本。此外，因为全球疫情防控步调不一，使按时注册报到的留学生学历生有所减少，短期来华访学项目几乎全部停滞，国际汉语招生与教学受 HSK 考试延期影响明显。

（二）线上教学培养质量面临挑战

联合国教科文组织发布的《2030 年教育行动框架》重点强调：“应当在保障公平教育机会的前提下增加教学方式的灵活性和多样化。”（郭伟、张力玮 2018）疫情发生后，各大高校纷纷利用线上平台（常见的线上平台如表 1 所示）开设网络课程，实现“停课不停学、不停教”，对增强教学方式灵活性和多样化确实形成了很好的倒逼机制。但与其他国家存在的情况类似，即有部分国际学生因为时差、网络、费用等问题失去了原本完整且平等的学习机会。

其次，大多数教师都是第一次在网上授课，不免因技术设备和经验习惯等造成教学质量下降，学生也难以保证学习效率，且大部分“雨后春笋”般的线上教学实质上

表 1　主要线上平台及相关情况介绍

线上教学平台	在线开放资源	主要形式和环节	功能分析
QQ、ZOOM、B 站、微信、腾讯会议、腾讯课堂、超星平台、学习通、雨课堂、智慧树、爱课程网、阿里钉钉、蓝墨云班课等	中国概况课程在线教学平台、国际版中文学习在线平台、英联邦学习共同体、国际远程开放教育理事会、欧洲远程 e-learning 网络协会、美国远程学习协会	形式：直播、录播、回放、PPT 展示。 环节：签到、授课、答疑、作业、测验、考试。	灵活性强、各有特色、资源丰富。稳定性、互动性、反馈效果不佳。

是“应急远程教学”，知识体系还未形成高水平的网络架构，教学效果反馈和实践环节亟需补强。（唐·奥尔科特 2020）此外，高等教育需要着眼于长远目标，使在疫情情况下具有独特价值观、文化和使命的新模式得以制度化。所以，需要在线上教学和传统教学中寻求平衡性与灵活性，创新融合形成新的机制。

（三） 应急事件管理能力面临挑战

疫情是对整个社会治理体系和治理能力的大考。疫情爆发初期，相当一部分国际学生因国外不实信息产生心理恐慌，再加上文化习惯差异和语言沟通问题，紧急购买机票回国并难以再返回中国，导致来华留学教育管理的空间形式由“境内管理”转化为“境内管理＋跨境管理”，国际学生回国后仍然是学校在籍学生，更需要留管人员、辅导员、任课教师、导师等倾注大量时间收集健康信息、关注具体动向、告知抗疫政策、组织课程教学、指导毕业论文，相关工作人员的工作量和工作强度明显增加。因旅行、探亲、实验等因素滞留在中国境内的国际学生则需要遵守属地管理，一段时间内不能返回学校，承受衣食住行的经济压力，而他们每次返校又需要留管人员周密布置。留在学校内的国际学生因长期处在封闭的校园内，生活条件问题、心理健康问题、毕业离校问题、医疗门诊问题等层出不穷。此外，奖助学金、宿舍空置、费用收退、行李托运、签证与居留许可延期、毕业答辩与学位申请等种种问题，均如同随机考题出现在来华留学教育管理工作中。

（四） 疫情常态化后将迎来新发展机遇

学者们普遍认为，疫情对留学格局的影响是极为深刻的，将重塑全球“留学市场”，而这个市场将变成“买方市场”，即学校争取留学生的市场，部分供应关系将从高收入国家向收取学费较低的中等收入国家转移。美国波士顿学院国际高等教育中心创始主任菲利普·G. 阿特巴赫预测，全球留学生总人数将有所减少，首选的留学目的地可能会发生变化，尤其是美国的地位可能会下降。（Altbach and Wit 2020）英国牛津大学全球高等教育研究中心主任西蒙·马金森推断，全球留学生人数需要五年甚至更久才能恢复到 2019 年的规模，各国医疗保健和紧急援助能力对留学生吸引力将明显上升，英国、美国、澳大利亚等国高等教育从疫情中恢复的速度将不如日本、中国和韩国，这意味着一部分西方国家学生流量将转变成东亚学生流量，而且其中的某些变化将是永久性的，中国等东亚国家将迎来新的发展机遇。（Marginson 2020）

1950 年清华大学“东欧交换生中国语文进修班”招收第一批国际学生，开创新中国来华留学教育先河。改革开放后，来华留学教育从 1978 年的 1 200 人规模扩大到 2018 年的 492 185 人，中国成为亚洲第一、世界第三大留学目的国，其中学历生占总数的 52.44%。（蒙梓 2019）经过留学中国计划十年的快速发展，建设了一大批高水平全英文授课品牌课程，打造了一系列来华留学教育品牌项目，在国际社会上形成了良好的反响，充分反映出来华留学教育越来越强的吸引力。2020 年，中国在防控疫情的同时很快开始复工复产，社会正常运行、经济稳步恢复、人民更有干劲。这一系列的成就为疫情常态化下的来华留学教育创造了积极有利的环境。当前，中国在联合国、二十国集团、亚太经合组织、上海合作组织、金砖国家等多边机制下的教育合作中发挥了积极的建设性作用，是全球教育治理的重要参与者和推动者。随着中国综合国力的持续增长、对全球经济的更深入参与、高等教育国际声誉的显著提升，来华留学将步入新发展轨道。

三、 来华留学教育应对疫情的主要策略

高校在疫情防控工作中的诸多实践，动态完善了来华留学教育生态。总体来说，高校要统筹做好疫情防控常态化与来华留学教育工作，推进完善管理制度体系，提升治理能力水平。

（一） 落实“加快和扩大教育对外开放” 具体任务

高校应当认真学习领会党中央关于来华留学教育的决策部署，特别是习近平总书记的多次批示指示精神。全国教育大会提出：将我国建成全球主要留学中心和世界杰出青年向往的留学目的地。（程伟华、张海滨 2020）2020 年 5 月，习近平总书记在给北京科技大学全体巴基斯坦留学生的回信中，高度赞扬了来华留学生在疫情期间的表现，特别勉励他们为促进民心相通、推动构建人类命运共同体贡献力量。（查玉喜 2020）来华留学教育可以说是构建“人类命运共同体”的最前线力量，疫情期间，中国高校关心国际学生身心健康，积极向各国同行分享教学资源与管理经验，本身就是对“人类命运共同体”理念的生动践行。

2020 年 6 月，教育部等八部门出台《关于加快和扩大新时代教育对外开放的意见》（以下简称《意见》），（中华人民共和国教育部 2020）在当时的情况来看既是迫在眉睫，又恰逢其时。《意见》强调了“加快”和“扩大”，意味着高校发展来华留学教育不能因为疫情再等一等、看一看，而要主动有所作为，“抢救或者保护”原有基础，找准定位、发力推进，拓展更高层次的国际合作。例如利用“一带一路”国际教育合作的良好基础快速寻找“后疫情”下的突破口，为打造对外开放新高地提供方案。《意

见》强调了“新时代”和“新征程”，教育对外开放是我国教育现代化的重要组成，必须破除旧的体制机制障碍，需要高校加强来华留学教育规范化和内涵式发展，落实《学校招收和培养国际学生管理办法》《来华留学生高等教育质量规范（试行）》的具体要求，完善质量标准、强化质量保障、建设重点项目。《意见》还强调了“稳步”和“有序”，高校应当进一步完善规章制度，建设专业队伍、落实责任体系、防范化解风险，保障来华留学教育健康有序发展。

（二） 推行“一体化、趋同化”管理原则

“一体化”是教育领域因时因势调整来华留学生疫情防控举措的重要法宝。在此原则下，“政府—高校”联动防控更加有序。特别是高校在外交部、教育部、国家移民管理局的统一部署下抗疫有序，在地方教育主管部门的指导下与外事、卫生、公安、安全、海关等部门之间沟通到位。疫情防控常态化形势下，高校应参与推动建立教育宣传联动机制、健康信息观测机制、常规管理协作机制、突发事件应急机制，与政府各部门合力下好一盘棋。高校应当将情况及时反馈给教育主管部门，供决策参考，尽快出台相关指导性文件；高校在不同地区有分校的，也应当在遵照属地管理政策的前提下，在校内实行“局部一体化”管理。

“趋同化”是高校在“一体化”的基础上，将国际学生纳入学校总体疫情防控工作体系中，采取与中国师生趋同对待的模式。经过多年的尝试，来华留学趋同化管理模式在这次疫情防控中发挥了作用，主要体现在大范围的线上教学与学位授予、个人健康信息上报和卫生防护、校园封闭管理等工作中。疫情常态化形势下，“趋同化”管理必须坚持刚性管理，以规章制度作为根本依据，依章依规办事，如各校出台的防控方案、执行的毕业标准和发布的《致留学生的一封信》等，明确具体要求。另一方面，趋同不是等同，国际学生身处他乡，有个性化诉求，要以柔性管理为辅助，注重平等和尊重，帮助他们解决实际困难。

统筹疫情防控和教育管理，为推行“一体化”和“趋同化”管理原则提供了实践基础，但在实际工作中还要注意防止经验主义，不能“简单化、一刀切”，协调好教育资源的合理分配，明确各主体的权利和责任，提高管理服务水平。

（三） 实施“信息化、网格化、刚性化、人性化”管理方式

与以往招生前置、培养—管理并行后置的模式不同，高校必须确保疫情常态化下安全第一的原则，管理保障因此成为首要的工作环节，需要依托“信息化、网格化、刚性化、人性化”组合拳实现。

首先，通过信息化实现“快”。高校与公安、出入境和海关部门联动摸排迅速锁定国际学生流动去向，开发健康信息申报系统，运用健康码，依托网络平台开发教学资源，按时推出国际学生线上课程，组织线上毕业答辩，开发网络收费、学期电子注册和奖学金年度评审平台等，以上都可依靠大数据和信息技术得以实现。

其次，通过网格化实现“准”。高校应当结合实际情况大力推行网格化管理，建立横向到边、纵向到底的管理框架：针对校内国际学生建立“国际教育学院＋后勤＋保卫＋物业”的联防联控管理体系，针对校外国际学生建立“国际教育学院—辅导员—导师—个人”责任到人的管理体系，针对滞留疫情严重地区的国际学生实行“人盯人”的“一人一策”，在网格化责任基础上做到集中管理和差异管理相结合。

再次，通过刚性化实现“严”。推行“一体化、趋同化”模式难免会给国际学生造成文化冲击，最典型的是关于口罩的佩戴。事实证明只要态度鲜明且友好，国际学生是理解并愿意佩戴口罩的。校园管理要求发扬“铁脚板”精神。定时对学生宿舍进行拉网式检查和卫生消杀，进出管理实行实名认证，不组织聚集性活动，严肃刚性化制约。

最后，通过人性化实现“暖”。疫情期间，高校应及时转发官方防疫知识，提供必要的口罩、温度计等防疫用品，协助采购必要的生活用品。高校还应积极组织丰富多彩的线上活动（如表 2 所示），促进中外人文交流。部分驻华大使馆给学校发去感谢信，国际学生积极发声讲述中国抗疫故事，并组建志愿者队伍协助管理，展现了国际团结、合作抗疫的情谊。疫情常态化形势下，人文交流的难度增大，更要创新思路和形式。

表 2　各校疫情期间开展的线上活动

单　　位	活动内容	活动形式
各大高校	学习习近平总书记回信精神	线上学习
武汉高校	线上抗疫精神宣传	线上宣传
吉林大学	开展来华留学疫情防控调查	线上调研
北京大学	在华留学生就业政策经验交流分享会	线上交流
北京航空航天大学	累计超百篇推送和几十万阅读量	线上教育
东南大学	国际汉语暑期培训和强化	线上教学
中国石油大学（华东）	云端汉语桥	线上比赛
南京理工大学	全球网络招生直播	线上招生
江苏大学	国际文化节系列活动	线上活动
扬州大学	疫情之下的 VOLG 记录	线上展示
河海大学	老挝国家电力公司人才项目毕业典礼	线上典礼

（四）推进提质增效，做强“留学中国”品牌

教育部已明确提出，坚持来华留学教育提质增效，不盲目追求国际化指标和国际

留学生规模，高校应当采取切实措施推动来华留学教育的高质量内涵式发展。

一是优化生源结构。各校要把握形势要求，克服“唯规模”意识，统筹协调规模、结构、层次之间的关系。理解招生新义，不仅是招收新生还要抓住老生，仍需稳定规模，不可任由学生退学或休学，按时组织报到注册工作。创新招生方式，探索国内高校合作的留学生生源链模式，探索建立优秀国际学生硕博连读制度。丰富招生形式，举行全球线上招生宣讲会，制作精良视频介绍学校。严格招生标准，从严把握生源质量，组织、培训评审专家，坚持开展网络笔试和面试。

二是保障培养质量。实施培养质量提升工程，推进修订培养方案，探索按一级学科开设平台课、通识课、前沿课。推进教学过程督导考核，成立督导专家组加强听课考勤，加强学风考风建设。因时制宜，制作授课视频在网络上共享，给毕业生答辩等事宜留足时间。发挥国际化发展绩效考核的指挥棒作用，力促培养单位加强过程管理。

三是打造精品项目。加强精品课程，特别是高水平课程的建设和共享，助力全球在线教育。充分发挥专业特色，助力中国企业走出去战略，满足国际组织的人才需求，建设一批校政企合作培养国际学生教育品牌项目，通过跨国企业的海外资源解决实习实践问题。积极推进人文交流，大力开展“感知中国”文化实践活动，强化国际汉语教学力量，传播好中国文化和中国声音。

四、结语

统筹做好疫情防控常态化与来华留学教育事业发展，对高质量教育对外开放和构建“人类命运共同体”意义重大，仍有后续工作需要做好衔接。一是在思想上做好疫情防控持久战的准备，切实制定好高校来华留学教育“十四五发展规划”，既考虑到风险挑战，也适当超前谋划。二是加强对疫情常态化下招生渠道的维持与开发，稳住来华留学基本盘，确保来华留学生规模不发生断崖式下滑。三是加大疫情常态化下线上精品课程的开发力度，加强信息化投入，做好对线上授课教师的培训，提升他们的数字技术胜任力，增强线上教学效果。四是继续做好疫情常态化下的管理保障工作，将好的经验、做法固化为制度流程，备齐防疫物资，关注境内外国际学生的身心健康，防范应急事件和网络舆情。

参考文献

1 Altbach，Philip G. and Wit，Hans de：“COVID-19：The Internationalization Revolution that isn’t”，2020-03-14，https://www.universityworldnews.com/post.php?story=20200312143728370.

2 程伟华、张海滨：“新时代来华留学研究生教育发展机遇，挑战与思考”，《研究生教育研究》总第 56 期，2020 年第 2 期，第 27—33 页。

3 郭伟、张力玮：“借镜《教育 2030 行动框架》打造‘中国教育现代化 2035’”，《世界教育信息》总第 31 期，2018 年第 4 期，第 3—7 页。

4 Marginson，Simon：“Global HE as We Know it has Forever Changed”，2020-03-26，https://www.timeshighereducation.com/cn/blog/global-he-we-know-it-has-forever-changed.

5 蒙梓："新中国来华留学教育历程"，《神州学人》，2019 年第 9 期，第 92—95 页。

6 Quacquarelli Symonds (QS)："How Covid-19 Is Impacting Prospective International Students Across The Globe"，2020 年 4 月 27 日，https://www.qs.com/portfolio-items/how-covid-19-is-impacting-prospective-international-students-across-the-globe/。

7 人民网："《求是》杂志发表习近平总书记重要文章　在全国抗击新冠肺炎疫情表彰大会上的讲话"，2020 年 10 月 16 日，http://sx.people.com.cn/n2/2020/1016/c352664-34352656.html。

8 唐·奥尔科特著，肖俊洪译："领导者当务之急：谋划后新冠疫情时期的在线学习"，《中国远程教育》，2020 年第 7 期，第 1—6 页。

9 查玉喜："习近平回信精神的政治意蕴及对高等教育的重要指导意义"，《思想教育研究》，2020 年第 7 期，第 5—8 页。

10 中华人民共和国教育部："教育部等八部门印发意见　加快和扩大新时代教育对外开放"，2020 年 6 月 23 日，http://www.moe.gov.cn/jyb_xwfb/s5147/202006/t20200623_467784.html。

浅谈危机管理理论在高校来华留学管理工作中的应用

——以新冠疫情防控为例

卢夏阳　韩维春*

摘要： 近年来，我国高校国际学生突发事件频现，涉及来华留学教育、招生、教学、生活等多个方面。这不仅严重影响了国际学生的正常学习和生活，也对以往高校危机管理模式构成了严峻挑战。2020 年初，一场突然袭来的新冠肺炎疫情对来华留学教育造成了强烈冲击。本文通过梳理和分析疫情影响下来华留学教育管理工作暴露出的问题，结合危机管理 PPRR 理论，提出建立高校危机管理模式，从而为校园危机管理者提供新视角，以取得快速预防和有效化解危机的最佳效果。

关键词： 新冠肺炎疫情　来华留学教育　危机管理理论

Abstract: In recent years, there have been frequent emergencies of international students in universities and colleges in China, involving many aspects such as international education, enrollment, teaching, living and so on. These has not only seriously affected the normal study and life of international students, but also posed a severe challenge to the previous crisis management mode of colleges and universities. In early 2020, a sudden outbreak of COVID-19 had a strong impact on the international education in China. By analyzing the problems exposed in international education management under the influence of COVID-19 outbreak and combining the theory of crisis management PPRR theroy, this article proposes the establishment of an efficient crisis management model, so as to provide a new perspective for the campus crisis managers, in order to obtain the best effect that quickly prevents and effectively dissolves the crisis.

Key Words: COVID-19, international student education in China, Crisis Management Theory

2020 年初，一场突然袭来的新冠肺炎疫情深刻影响着我国经济和社会生活的方方面面。作为立德树人和人才培养的重要载体，高校是人口密集的公共场所之一，这使

* 卢夏阳，助理研究员，对外经济贸易大学党委组织部。
韩维春，研究员，对外经济贸易大学国际学院院长。

其更易成为突发公共事件中社会和媒体关注的焦点。国际学生作为高校中的特殊群体，来自世界不同国家和地区，有着多样的文化背景、宗教信仰、个人经历和生活习惯。在突发公共事件中，国际学生这一特殊群体的危机管理是一项复杂的工程，只有认真应对，妥善处理，采取积极的预控措施，建立完善的风险防控体系，在动态不平衡中重新获得平衡，才能保障来华留学教育的健康可持续发展，避免产生负面影响。

一、疫情影响下来华留学管理工作中出现的困难和问题

（一）境外疫情输入性风险加剧，来华留学教育受影响严重

国际学生自境外返校引发的疫情输入性风险较大。目前，我国共有来自近 200 个国家和地区的约 50 万名各类留学人员，分布在全国 31 个省市区（不含港澳台地区）的超过 1 000 所高等院校。来源国排名靠前的国家，如韩国、泰国、巴基斯坦、印度、美国、俄罗斯和日本等，都是疫情高发或潜在高风险国家。按国际学生就读省市排序，排名前 4 位的北京、上海、江苏、浙江又都是疫情防控工作重点地区。

当前疫情防控形势依然严峻，确诊病例持续快速增加。印度、非洲等部分国家和地区实际感染人数未知，无症状感染者筛查及隔离工作为疫情防控增加了新的难度。这些不确定性因素都给来华留学教育招生、复学、毕业和就业等工作带来新的困难。未来，如何对疫情国家返校人员进行检测和隔离，对密切接触者、无症状感染者进行观察和监控，对整个社会和高校管理带来了巨大挑战。

（二）管理模式面临挑战，疫情防控难度加大

根据疫情防控工作需要，各高校须对所有国际学生信息，包括离校时间、目前所在国家、居住地变化情况和健康状况等进行全面摸排，还需要根据疫情防控形势的变化，实时了解学生动态。然而，与中国学生管理有专职的辅导员队伍不同，国际学生辅导员和管理人员数量相对偏少。此外，国际学生群体校纪校规意识相对淡漠，而且目前遍布全球各地，受时差影响，部分国际学生不回复或回复信息不及时，信息收集和排查工作难度大，为管理工作带来巨大压力。

（三）信息公开迟滞，出现负面舆情

疫情期间，不少国际学生选择留在中国继续学习和生活，高校也为他们提供了物资帮助和人文关怀。大部分国际学生在社交媒体积极发声，传播抗疫正能量。但仍有部分国际学生在网络平台传播谣言，更有甚者，不仅抵制防疫措施，而且扰乱公众秩序，对来华留学教育产生严重负面影响。

有些未经证实的谣言对来华留学教育也造成了负面影响。在此过程中，部分高校反应迟钝，面对突发负面舆情应对不足，没有及时化解矛盾并公开官方信息，造成了更大的误解和矛盾。

（四） 教学、生活方式急剧变化，部分学生出现心理不适现象

当前，各高校正积极探索“停课不停教、停课不停学”模式，适时灵活调整国际学生培养计划，尽量降低疫情对国际学生教育教学的影响。然而，受时差、网络、语言水平、硬件设备等诸多因素的影响，教学效果较难保证。未来国际学生返校后，如何将前期网络教学与后续课堂教学有效衔接，也是一个不小的挑战。

疫情期间，由于生活方式等出现急剧变化，部分国际学生出现焦虑、思乡等情绪，在没有得到有效疏导时，会进一步出现自闭、抑郁等心理问题。同时，由于文化差异等因素，某些国际学生在疫情爆发之前就有诸多不适，此次疫情更加剧了国际学生相应的心理感受。浅层问题包括焦虑、烦躁、不安等，而深层问题包括缺乏社会认同感以及丧失对自身价值的有效肯定。这是由疫情防控中严格的自我隔离、每日信息上报和多方面行为受限等造成的，如果不积极干预和引导可能还会出现严重的精神疾病。

二、危机管理 PPRR 理论概述

面对当前来华留学教育工作出现的危机管理意识淡薄、准备工作不足、矛盾激化爆发后应对不力和危机解除后经验教训总结不够等情况，亟需运用危机管理 PPRR 理论对来华留学教育工作进行改进，尽快建立并不断完善国际学生危机管理模式。

PPRR 理论是危机管理应用比较广泛的理论，即由危机管理四个阶段：危机前预防（Prevention）、危机前准备（Preparation）、危机爆发期反应（Response）和危机结束后恢复（Recovery）组成的危机管理通用模式。

（一） 危机前预防

有效的危机管理必须在危机爆发前就加以预防，主要包括以下几个环节：首先是分析危机的环境，对管理范围内的政治、社会、经济、自然等条件进行评估。其次，排查可能导致危机的关键因素，并尽早加以解决。

（二） 危机前准备

一是制定应急计划，提前设想危机可能爆发的方式、规模，并且准备多套应急方案。二是建立危机预警机制，依靠参照物指标加以检验。

（三） 危机爆发期反应

对危机做出适时的反应是危机管理中最重要的部分，危机一旦发生，就需要注意以下几点。

一是遏制危机。管理部门要在困难的情况下为决策者提供及时、准确、必要的信息，从而为解决危机创造条件。

二是注意隔绝危机，避免其蔓延，要将危机限定在一定范围之内。

三是加强媒体管理，防止谣言流传。在传统的报纸、杂志、电视、广播等信息传播渠道的基础上，当今信息技术及传播手段的多元化趋势呼唤与之相适应的舆论引导方式。在与媒体沟通过程中，英国危机公关专家里杰斯特曾提出著名的“3T”原则：第一，以我为主提供情况（Tell your own tale）；第二，提供全部情况（Tell it all）；第三，尽快提供情况（Tell it fast）。

（四）危机结束后恢复

危机过后，需要对恢复或重建进行管理。恢复和重建不仅意味着恢复危机中所受到的损害，更要恢复受害人的精神损失，尤其要避免重蹈覆辙，将未来可能发生危机的漏洞弥补起来。

三、危机管理 PPRR 理论的应用和对来华留学教育管理工作的建议

危机管理 PPRR 理论中各个阶段的措施是环环相扣、互相联系又相辅相成的。根据危机管理 PPRR 理论，将来华留学教育管理工作分解为四阶段，并在各阶段有针对性地开展工作，对于有效预防和化解危机具有建设性意义。

（一）预防阶段：强化危机意识，定期开展教育

学校有针对性地对国际学生开展危机教育，提高国际学生应对风险的能力。校园危机管理教育应以国际学生为本，培养危机认知意识。学校可以通过以下途径开展留学生危机教育。

第一，通过典型案例开展危机教育。学校可以根据易发的危机情况，结合典型案例，积极宣传主动引导，在国际学生群体中起到示范或警戒作用。

第二，充分利用融媒体中心进行宣传，增强国际学生的自我防护意识和能力，增加国际学生对健康理念和传染病防控等方面的知识。

第三，整合多方力量，尤其注意加强同政府职能部门以及社会团体的沟通交流，运用多种手段，比如邀请相关领域的专家开展系列讲座，从国际学生入学起就开展危机教育并贯穿国际学生培养的全过程。

（二）准备阶段：成立应对小组，完善工作机制

高校应未雨绸缪，做好“顶层设计”，成立学校公共危机管理领导小组，通过加强校内各部门之间的沟通协调合作，达成关于权利和义务的共识，形成危机管理合力。

同时，学校应通过联席会议等形式，构建全面的、适应具体情况的公共危机管理工作机制，加强与周边地区和社区的交流，形成高校主导、政府支持、社会参与的危机管理体系，从组织上全面保障校园危机管理所需要的人力、物力、财力等，从而充分发挥高校在危机管理工作中的作用和价值。

此外，高校除了建立危机应对小组，还应将志愿组织、非政府组织和社区等资源

纳入危机管理资源库，从整体上塑造一种应急文化。

值得一提的是，鉴于国际学生风俗习惯、语言和文化存在较大差异，本着合理、公平、审慎的原则，建议成立国际学生危机管理专门工作机制。例如，在本次疫情防控中，部分高校制定了专门的疫情防控工作方案，由专业队伍实施管理，统筹协调信息报送、物资保障、安保维稳、关爱疏导、教育教学等各项工作，这些举措都增强了防控工作部署的针对性和实效性。

（三）反应阶段：重视信息公开，把控舆情动态

高校在应对学生危机事件时，务必树立信息公开理念，把握正确的舆论导向，掌握舆论主动权。

根据上文提到的英国危机公关专家里杰斯特危机沟通“3T”原则，高校应积极主动地向广大师生公开信息，建立统一的新闻发言人制度，保证信息发布的客观性、全面性和实效性。

同时，高校应积极利用微信、微博等网络平台，更新危机信息动态，密切监控舆论走向，对网络谣言早发现早处理，引导舆论向维护校园稳定和安全的方向发展。例如，开展疫情防控主题宣传活动，广泛报道国际学生为中国加油、积极参与疫情防控志愿服务工作等。

（四）恢复阶段：营造和谐氛围，加强心理疏导

高校应积极引导国际学生提高文明素质和自我保护能力，引导国际学生学会自我消解恐慌、疑虑等负面情绪，克服疫情期间心理问题，涵养积极健康心理，营造积极健康的校园氛围。

高校应加强对国际学生心理问题的筛选与甄别，精准把握国际学生心理状况，针对不同种族和信仰的国际学生群体精准施策。要实现国际学生心理健康教育全覆盖，设立心理发展辅导室、心理测评室、积极心理体验中心等，努力减缓和尽量控制疫情给国际学生所造成的社会心理影响。

高校疫情防控工作对国际学生最大的人文关怀和最切实际的恢复措施就是解决学生现实问题。复学后国际学生面临学业任务加大、心理负荷增高等系列问题，毕业生也面临着严峻的就业形势。

对此，高校相关部门要做好校园疫情防控物质保障，规划好国际学生学习和活动区域，结合实际情况，针对不同专业、年级、课程类型特点，制定一班一策、一班多策的教学方案，提升教学效率，减轻国际学生课业负担。要积极主动地为应届毕业的国际学生就业提供精准指导和个性化服务，努力提升就业率和满意率。只有解决好了国际学生最关心、最直接、最现实的切身利益问题，才能在校园内形成团结一心、同舟共济的精神风貌，才能筑牢高校疫情防控的坚实堡垒。

来华留学教育是我国教育对外开放的窗口，也是高等教育国际化的一个重要标志。

随着越来越多国际学生选择来华求学，国际学生突发事件也频频发生，部分恶性事件不仅对学校声誉产生较大的负面影响，而且破坏了来华留学教育打造的良好口碑。作为高校学生管理工作的重要组成部分，管理及突发事件处理工作，对于保障来华留学教育质量和提升规范化管理水平具有重要意义。因此，建立危机管理模式，完善高校突发事件危机管理机制，对于实现来华留学教育健康、可持续发展将起到积极的推动作用。

参考文献

1 罗伯特·希斯、王成和宋炳辉著，金瑛译：《危机管理》，北京：中信出版社，2004 年。

2 蒙梓："新中国来华留学教育历程"，《神州学人》，2019 年第 9 期，第 92—95 页。

3 刘润："美日高校学生危机管理的启示"，《高校辅导员学刊》总第 10 期，2018 年第 6 期，第 67—72 页。

对国际学生趋同管理在后疫情时代的实践和思考
——以北京师范大学为例

时文婧　刘　涛*

摘 要: 新冠肺炎疫情对我国包括来华留学教育工作的对外开放事业造成了一定冲击，但在疫情防控阶段，各校形成了行之有效的国际学生应急和管理体制，不仅保障了疫情防控期间各项任务的顺利完成，也为后疫情时代国际学生工作的制度建设和服务体系建设提供了宝贵经验。本文总结归纳了北京师范大学在疫情防控期间的国际学生管理工作实践，包括建立纵向管理制度、技术赋能国际化智慧校园建设、重视学生的心理建设和宣传工作等一系列趋同化的工作，并对推动后疫情时代趋同管理提出以下建议：正视疫情对国际学生教育管理造成的持久影响；做好顶层设计，推进深层次趋同管理；重视国际学生管理队伍建设；融通新媒体，讲述中国故事，推进国际学生教育管理工作提质增效。

关键词: 新冠肺炎疫情　后疫情时代　国际学生　趋同管理

Abstract: COVID-19 has caused certain impact on China's international endeavors, including international students studying in China. During the epidemic prevention and control stage, universities have formed effective emergency and management systems for international students, which not only guarantees the prevention and control of the epidemic, but also provides valuable experience for the establishment of student affairs and service system for international students in the post-epidemic era. This article summarizes Beijing Normal University's international student management practices during the epidemic prevention and control period, including a series of convergence reforms such as establishing a vertical management system, empowering international and smart campus construction through technology, paying attention to students' psychology and publicity, etc. Based on the past experience, the following suggestions for convergence management in the post-epidemic era are put forward: face up to the lasting impact of the epidemic on the education and management of international students; improve the top-down design and promote convergence mangement; attach importance to the construction of international students management team; integrate new media forms to tell China's stories, and improve the quality and efficiency of international student education management.

* 时文婧，硕士，北京师范大学国际交流与合作处，研究方向为国际学生趋同管理。
刘涛，北京师范大学国际交流与合作处副处长，研究方向为港澳台政策、国际学生管理。

Key Words: COVID-19, post-epidemic era, international students in China, convergence management

一、国际学生趋同管理的背景与必要性

“趋同（Convergence）”原是生物学术语，指两种以上亲缘关系较远的异种生物在进化过程中，由于栖居在同一类型的环境中，从而逐渐演化成具有相似的形态特征或构造的现象。“趋同化”可以理解为不同的个体或系统之间渐趋统一化、标准化或平均化的动态发展过程。（马明月 2020）

国际学生趋同化管理是“对外国留学生的教学、研究、生活等趋向与中国学生相同的管理，是比照教育本身的含义和国外对留学生教育所采用的方式而提出的一种留学生管理模式”。（高英学 1998）教育部 2018 年 9 月印发的《来华留学生高等教育质量规范（试行）》在实施层面提出趋同管理的概念，提出推进教学、学生和服务趋同化（刘鑫鑫、钱婷 2020）：“高等学校应当建立健全来华留学生教育管理体制和工作机制，保障来华留学生教育的健康发展和持续改进，推进中外学生管理和服务的趋同化。”2010 年 9 月印发的《留学中国计划》中提到，要积极推动来华留学人员与我国学生的管理和服务趋同化，加强中国法律法规、优秀传统文化和国情教育，帮助来华留学人员客观了解中国社会发展情况。

趋同管理作为目前世界各国对留学生教育的主要管理方式，在教育管理上对国际学生的管理及教学环节采用趋近于本国学生相同的管理及教育教学模式；在生活服务中实行开放式管理，充分发挥公共服务体系的作用，增强国际学生对学校、对中国的认同感和归属感。

中外学生趋同化管理体现在校院二级各职能机构对国际学生采取和中国学生趋同的管理服务，即大部分职能部门与二级学院共同参与国际学生管理。依此标准，在全国 289 所中国政府奖学金院校，共有 48 所高校采取趋同化管理，占 16.61%。（邱洋海 2020），其比例相对较低，说明我国绝大多数高校的趋同化管理水平有待提高。

新冠肺炎疫情对学校而言，是推进治理体系和治理能力现代化的历史性契机。（陈宝剑 4）。北京师范大学（以下简称“我校”）在此期间进行了大量探索实践，形成了学校对国际学生趋同管理四个方面的经验、做法和思考，为后疫情时期推动来华教育管理服务转型升级、来华留学教育提质增效、实现高校国际化办学内涵发展提供参考。

二、疫情期间国际学生趋同管理的具体实践

（一）建立纵向管理制度，依靠二级单位（院系）进行直接管理

校院两级管理制度已经成为我国许多高校内部治理的基本框架选择，（刘丽伟、崔秀梅 2019）将国际学生教育管理纳入校院两级管理不仅是进一步提高国际学生教育规

模和层次的需要，也是推进国际学生与中国学生趋同管理的必然要求。随着学历留学生数量的增加，仅依靠国际学生管理部门对全校国际学生进行管理难度越来越大，必须将国际学生与中国学生一起纳入各学院日常管理当中，只有这样，国际学生才能融入所在专业院系和校园文化中，获得良好的留学体验。

北京师范大学留学生办公室（以下简称留办）是学校外国留学生事务的综合管理和服务部门，负责各类国际学生（学历生和非学历生）的学籍管理、日常管理、签证事务、学生活动、数据统计等工作，负责起草和制订与国际学生培养相关的战略规划和管理制度，以及其他与国际学生相关的涉外管理和服务工作。疫情爆发前，本校国际学生群体有涉及教学、生活等任何问题，都习惯于优先联系留办协调解决。在人力资源有限的情况下，面对全校千余名国际学生的各种需求，留办的工作人员只能疲于奔命。

疫情爆发初期，为了尽快在短时间内摸清底数，留办首先发布了问卷调查，调查学生的所在地、健康状况和旅行史等信息，通过各个院系和学生会、社团等方式联系全部在籍学生。但随着疫情在全世界蔓延加剧，学校需要在寒假期间联系到身处全球各地的学生，传达疫情期间的政策、执行管理政策、关注学生们的健康安全和寄送防疫物资，疫情初期单向、低效的联络方式显然无法适应快速演变的疫情发展情况。

为了能在第一时间联系到学生，密切关注每位学生的健康状况，同时避免高校管理资源的浪费，留办建立了纵向管理制度，留办负责国际学生相关的政策制定、教学管理的工作协调和业务指导、情况监督落实等；依靠二级单位（学部院系）对学生进行直接管理和政策执行；教务部、信息网络中心、财经处、后勤等各职能部处各司其职，做好涉及学校层面的国际学生招生、教育教学、信息管理、后勤保障等管理工作，协同推进。各学部院系需由至少一位院领导担任国际学生工作负责人，再请各学部院系根据本院国际学生人数、专业设置特征（如中英文项目等）或者内部分工（学生工作、教务、外事工作等）设置一到五名国际学生工作联系人。

随着后续防控疫情进入常态化阶段，绝大多数国际学生仍无法返回中国学习，学部院系在发布各项国家和学校政策、审核学生返京返校或出校、定期了解学生的心理状况、数据统计、毕业季行李寄送、联络开学返校事宜等方面发挥了巨大作用。克服了初期的磨合后，院系老师和本院国际学生建立了更为密切的关系，减少了负责学生工作的老师分别联系中外学生的人力浪费，很大程度上促进了国际学生的趋同管理。

由于疫情期间上任仓促，部分学院的国际学生工作负责人坦言院内分工不明确，国际学生工作负责人在部分学院由外事秘书担任，部分由研究生或教务、学工的老师兼任，增加了学院老师的工作压力；部分老师表示缺乏跨文化交流的经验或者语言水平有限。

（二） 技术赋能，助力国际化智慧校园建设

我校十分重视国际化智慧校园的建设。疫情期间，除了线上课程外，学校为做好学生健康管理、复学复课等工作，更是最大程度实现了各项事务线上办理的功能。截

至2021年4月7日，我校英文授课项目的国际学生人数占在校国际学生总人数的26.9%，学校也十分重视国际化校园的建设，在疫情期间发展了中英双语的健康打卡系统、线上线下注册报到系统等，提高了国际学生的学习和生活便利性。国际化智慧校园建设利用技术赋能实现了创新式发展，深刻实践了“加强趋同管理，注重差异性教育”的国际学生教育管理原则。具体措施如下：

- 课程教授：采用直播、录播、视频会议、公开课等多种形式。
- 健康检测：建设双语系统的健康打卡系统，校内集体核酸检测查询端口。
- 校内生活：实现新学期返校申请、临时出入校申请、出京返京申请、校内体温检测、进出楼宇身份核验、线上校医院问诊预约、线上支付学费、线上退宿费等功能。
- 重要事项：办理线上毕业离校流程、海外学生线上报到注册、国内学生预约线下报到注册、签证预约系统等。

大多数线上双语系统依托我校的微信企业号或数字京师的一站式服务大厅建设，学生使用方便快捷，但部分功能由于上线时间紧张，依托于不同的网站或平台，系统联动性不足，提高了学生的操作难度。国际化智慧校园建设是长期性、系统性工程，为促进国际学生的趋同管理，学校需要坚持“以人为本”的原则，增强系统联动性和用户友好性；校内部分软硬件设施国际化程度仍较低，学校选课系统、数字京师、校车预约系统、信息网络中心等线上应用的双语功能仍在逐步完善，物业、医疗、金融、住宿等公共服务设施等也有待改进。

（三）注重学生心理建设，加强高校人文关怀

面对新冠肺炎疫情，除了疫情本身带来的心理应激，居家隔离、校园封闭式管理、线上授课等防控措施也使学生产生了恐慌、焦虑、敌对等心理。（迟璐、曹晓阳 2020）除此之外，面对部分西方国家借疫情对中国的污名化攻击，国际学生不免产生压抑、焦虑的情绪。对此，我校以预防性为指导原则，通过构建定期走访和心理咨询体系、加强关怀、丰富校园活动等多种途径提升对学生的心理建设，给予他们思想引导和必要的人文关怀，帮助国际学生顺利度过疫情期，提升心理健康水平。

1. **定期走访，落实到人**：在部分国际学生数量比较少的学院，国际学生因语言水平有限，跟老师沟通少，容易受到忽视，进而因边缘化产生疏离感。疫情期间，校园封闭管理时，我校要求学院辅导员、班主任和导师定期对中外学生定期走访，互相交流，和同学们交流疫情防控的进展、进行政策解读、了解倾听同学们的心声和诉求，对显现心理问题的同学及时进行上报和干预。同学们表示在封校期间也能感受到学校对同学们的关怀，减少了疫情期间的恐慌，也对中国的防疫政策、学校的防疫政策有了更多的理解和支持。

2. **心理咨询，人文关怀**：疫情爆发后，我校心理学部联合学生心理咨询与服务中心坚决贯彻习总书记关于“加强心理干预和疏导、有针对性做好人文关怀”讲话精神，迅速整合科研力量，成立心理援助工作组，为海内外的学生提供公益心理咨询，

中英双语的咨询方式更为国际学生情绪疏导和心理安慰提供了便利。

3. 以人为本，爱心帮扶：本着趋同化的原则，我校为在校、在中国境内和身处国外的同学发放和寄送口罩，为在校居住的同学提供水果礼包、口罩消毒液、运动器械等，用实际行动展示学校的关爱，丰富学生在校的抗疫生活，鼓励学生们积极抗疫，增强了心理建设。

4. 丰富校园活动，增强凝聚力：本着趋同化的原则，我校在疫情期间组织了一系列线上和非聚集性线下活动，邀请国际学生与中国学生一起参与“BNUer 的一封家书——爸妈，我在学校里挺好的，请放心”、毕业“云”长跑等校园活动，这些活动得到了中外学生的积极响应，提高了身处五湖四海的学生与母校之间的凝聚力。

（四）加强宣传工作，引导正向舆论

高校宣传工作应起到舆论引导、加强思想教育的作用，此次突如其来的疫情对高校宣传来说也是一次大考。（庄子帆 2020）面对非常规状况，学校需要采取常规与非常规措施，将国家政策、疫情防控知识向学生传达到位，并通过新媒体信息发布、组织学生群、定期线上会议答疑、创新宣传方式等多种途径建立突发公共事件下舆论引导工作体制。

1. 利用新媒体信息发布，营造积极舆论氛围。除了定期发送关于国家最新防疫政策、疫情防控情况、学校管理规定等，学校留办微信公众号也注重人文关怀，开通《致北师大海外师生的一封信》专栏，连续发布数篇关于防疫防护的科普文章，指导同学们为自己和他人的健康安全，科学合理地安排日常生活，并做好防护；留学生志愿者团团长向全校留学生写倡议书，呼吁大家保持冷静、遵守抗疫规定、正常生活；同时也发布了多篇抗疫前线国家、学校的先进事迹，弘扬正能量，为疫情防控常态化营造积极的舆论氛围。（丁苏怡 2020）

2. 组建在校学生群，实时关注校内舆情。为了向学生及时发布防疫政策和校园管理措施，方便随时了解在校生的生活需求和心理状况，疫情爆发之初，留办就组建了在校学生群，该群在疫情期间承担了政策发布、信息统计和舆情监督等多种功能，尤其是舆情监督功能，有效预防和化解了突发性舆论危机。在校园封闭管理时期，有一段时间学校为了预防家属区和教学区发生传染，实行两区分开的政策，导致部分国际学生无法到家属区的超市购买食材，学生在群内交流中爆发了不满情绪。针对学生的需求，学校第一时间和同学们沟通，安抚他们的不满情绪，解释政策出发点，获得同学们的理解；并联络校内的留学生志愿者团，推出英文版外卖软件使用教程、志愿者代理下单活动，一定程度上解决了在校学生的燃眉之急，也避免校内事件演变成更大的舆论风波。

3. 线上会议定期开，答疑解惑事事明。由于疫情期间线上办公，且与国际学生相关的奖学金政策、毕业返校等政策会根据实际情况随时变化，邮箱和电话联系往往无法满足学生的问询需求，因此，留办会定期从校内群收集问题，定期开设线上会议，对同类问题进行回答，并设置问答环节供同学们单独提问，每次会议都会持续两到三个小时，让每一位同学都有解决疑惑、提出意见建议的机会。

4. 创新宣传方式，深受学生欢迎。考虑到今年大多国际学生都滞留海外，为了让在世界各地的同学有归属感，我校第一次利用先进技术和同传实现了毕业典礼直播、5G迎新直播、VR云逛校园、中英同传开学典礼直播等。其中，开学典礼通过学习强国、央视频、央视新闻微博和北京师范大学微博、抖音、快手、B站、百度号等中文平台，以及光明日报、中国日报等多家媒体的海外平台面向全球进行双语网络直播，受到广大师生及其亲友、社会大众的高度关注，共有132.94万人次观看了直播。VR云逛校园也受到因疫情无法入学的海外新生的热烈欢迎。

三、对后疫情时代国际学生趋同管理的几点思考和建议

（一）正视疫情对来华留学造成的持久影响

新冠肺炎疫情对全球公共卫生、经济发展和国际政治等造成了多方面影响。第一，全球经济下行，逆全球化影响教育国际化，疫情肆虐长期影响出行，进而影响国际学生出国求学的热情；第二，疫情期间，部分国外媒体大肆将疫情政治化、污名化，扰乱国际舆论，使身处境外的国际学生对我国的认知和认同产生潜在负面影响。（刘宇雷2020）第三，中国对新冠疫情控制得当，积极主动、公开透明地向国际社会分享抗疫经验；倡导疫苗的公共卫生产品属性，积极向广大发展中国家提供医疗援助和疫苗支持，以实际行动倡导构建“人类命运共同体”。

以上因素均会直接或间接影响了来华留学工作：第一，未入学的国际学生将根据疫情重新估量出国学习的选择；大量已入学的国际学生仍将进行较长时间的线上学习，“线上+线下”的教学和管理模式将会深刻改变以往传统的教育模式，学校也应与时俱进，提升网络支持和服务水平。第二，面对复杂多变的国际舆论，国际学生的培养工作需要创新升级。以往，学校通过举办形式多样、主题丰富的线下活动对国际学生展开培养教育工作；而在后疫情时代，线下文化交流活动受阻，国际学生的培养教育工作只能依托网络平台进行，教育载体与形式受到较大限制，实践体验的教育优势无法正常发挥。（刘宇雷2020）培养教育应该适应新形势、开创新局面，实现形式和内容的创新升级，合理利用各类资源，从而实现化危机为契机，构建多元培养教育载体。

（二）做好顶层设计，加强管理队伍建设

第一，做好顶层设计。整体而言，我校疫情期间建立的国际学生纵向管理制度是一次成功的尝试，为形成长效机制，需要将其在顶层设计中制度化，将此实践落实到学校的发展战略中，进一步加强国际学生管理服务工作，深刻实践校内中外学生的趋同管理工作。应在我校的《国际学生管理规定》中明确院系主体地位，详细规定各职能部门的职责和分工，强化各部门协同机制，把国际学生的管理和服务纳入学校的总

体管理中，为国际学生的趋同化提供制度保障，同步提高学校的国际化办学水平。

第二，加强国际学生管理队伍建设。《学校招收和培养国际学生管理办法》第二十五条明确规定："高等学校应当设置国际学生辅导员岗位，了解国际学生的学习、生活需求、及时做好信息、咨询、文体活动等方面服务工作。国际学生辅导员配备比例不低于中国学生辅导员比例，与中国学生辅导员享有同等待遇。"疫情期间建立的纵向管理制度是推进中外学生趋同管理的重要一步，可有效加强院系和本院国际学生的互动，在疫情防控常态化的状态下增强国际学生尤其是身处海外的学生与学校的紧密联络。但由于上任仓促，部分院系的国际学生工作负责人存在权责不明确、工作压力增大的问题；部分国际学生工作负责人缺乏跨文化交流经验、语言水平有限等情况。

要解决以上问题，需要进一步争取校级层面对来华留学工作的重视和支持，优化配置资源，加强人才队伍建设。重视来华教育，优化院系配置资源，并进行定期的专业化培训，建立一支专业化的管理辅导员队伍。

（三） 融通新媒体，讲述中国故事

为了构建"人类命运共同体"，需要让世界听到中国的声音。随着直播、视频等多种形式的新媒体兴起，越来越多来自民间的声音得以广泛传播。国际学生由于其国际背景、熟悉本国话语体系和了解中国语言、文化、社会等优势，具有成为"中外文化传播大使"的潜质。因此，要通过加强追踪学生的思想动态，积极组织国际学生参加中国法律法规、规章制度和传统文化的学习，（邱洋海 2020）组织国际学生参加中国国情考察活动，感知中国的发展。学校主动为他们提供学习和体验的机会，使国际学生对中国的历史文化和现代发展有更深刻的认知，增强其对中国的认同感并积极发声，从国际学生的视角讲述中国故事，以他们在华的真实生活和体验传递中国声音。

四、结语

新冠肺炎疫情及全球的逆全球化等给来华教育造成了严峻挑战，国际交流合作遭遇逆流，但我们应坚定"构建人类命运共同体"的理想信念，从危机中孕育机遇，依托变局开创新局，加强学校层面的国际化办学能力，加快趋同管理的制度、管理和服务建设，推动国际学生教育管理服务转型升级，为国际学生来华教育的优质长足发展奠定良好基础。

参考文献

1 陈宝剑："强化应急能力 提升应急水平 抓好常态化高校疫情防控各项工作"，《北京教育（德育）》，2020 年第 6 期，第 4—6 页。

2 迟璐、曹晓阳："疫情防控常态化下高校学生心理问题的对策研究"，《西藏教育》，2020 年第 10 期，第 37—40 页。

3 丁苏怡："突发公共事件下高校新闻宣传和舆论引导工作机制研究——以新冠肺炎疫情事件为例"，《新闻研究导刊》，2020 年第 16 期，第 220—222 页。

4 高英学："关于来华留学生教育管理对策的思考"，《中国高教研究》，1998 年第 6 期，第 64—65 页。

5 刘丽伟、崔秀梅："高校校院两级管理体制改革：现状与对策"，《江西理工大学学报》，2019 年第 6 期，第 65—69 页。

6 刘鑫鑫、钱婷："从文化冲突到文化融合：高校国际学生趋同化管理的策略研究"，《北京教育（高教）》，2020 年 08 期，第 43—45 页。

7 刘宇雷："后疫情时代高校来华留学教育服务转型升级的实践理路——以南京航空航天大学为例"，《思想教育研究》，2020 年第 7 期，第 9—13 页。

8 马明月："S 大学来华留学生趋同化管理问题研究"，2020 级山东大学硕士论文，第 1—70 页。

9 邱洋海："来华留学生趋同化管理的困境与突破"，《神州学人》2020 年 1 期，第 25—28 页。

10 庄子帆："论高校遇突发事件的宣传对策——以新冠肺炎疫情防控为例"，《中国地市报人》，2020 年第 10 期，第 127—129 页。

国际学生择校动因的实证分析*

——以上海交通大学为例

陈海磊　张　阳**

摘 要: 上海是国际学生较为集中的地区，上海交通大学的国际学生规模和比例在国内高校中居于前列，以其作为研究对象具有较好的代表性和借鉴意义。本文基于上海交通大学国际学生的调研数据，对国际学生来华留学择校动因进行了实证研究。研究发现，国际学生择校的主要因素为地理位置、学术影响、奖学金情况，并相应提出高校在招生宣传中要侧重突出高校区位优势、学术影响、奖学金情况，以优化国际学生生源结构，提高国际学生招生质量。

关 键 词: 国际学生　择校动因　实证分析

Abstract: Shanghai is one of the areas which have the highest density of inbound international students, and the scale together with the proportion of international students at Shanghai Jiao Tong University (SJTU) is among the highest in Chinese universities. Hence it is representative and instructive to take SJTU as the research target. Based upon the survey data of inbound international students from SJTU, empirical analysis on the motivations of international students' choosing universities in China is conducted in this paper. It is found that the main factors for international students' choice of universities in China are geographical location, academic influence and scholarship. Accordingly it is suggested that the university should emphasize the geographical location advantages, academic influence and scholarship during the recruitment of international students, which will help optimize the structure of international students as well as improve the quality of inbound international students.

Key Words: international students in China, motivations for choosing university, empirical analysis

一、引言

留学教育是衡量高等教育国际化程度的重要指标，（Hayward 2000）中国近年来陆

* 本文得到中国高等教育学会外国留学生教育管理分会立项课题《来华留学生跨文化心理适应实证研究——以上海交通大学为例》（项目编号：2016-2017Z001）的支持。

** 陈海磊，上海交通大学国际合作与交流处留学生发展中心副主任，研究方向为来华留学生教育。
张阳，上海交通大学国际合作与交流处留学生发展中心招生项目主管，研究方向为来华留学管理。

续出台了相应政策，大力推动来华留学事业持续健康发展，如国家中长期教育改革和发展规划纲要（2010—2020 年）、留学中国计划、推进共建“一带一路”教育行动等。从 2001 年 1 月颁布《高等学校接受外国留学生管理规定（教育部、外交部、公安部 9 号令）》到 2017 年《高等学校接受外国留学生管理规定（教育部、外交部、公安部 42 号令）》的颁布无不体现国家对来华留学教育的支持与重视。来华留学教育作为高等教育国际化的重要组成部分，近年来发展迅速，已然成为中国高校建设世界一流大学、打造国际教育品牌的重要渠道之一，是创新驱动发展和提高国际竞争力的战略选择。随着中国经济的快速发展，现阶段留学教育的发展呈现出两个主要特点：一是来华留学生人数呈增长趋势；（教育部 2012）二是学历教育留学生的学习层次、结构和形式发生了变化，层次上有所提高，同时生源国的范围也不断扩大。教育部统计显示 2000 年国际学生规模为 52 150 人，来自 166 个国家和地区，（教育部 2000）而到了 2018 年，来华留学人数达 492 185 人，来自 196 个国家和地区，我国成为世界第二、亚洲最大的留学目的地国。（人民网 2019）

围绕国际学生的招生和教育等问题，当前已有较多文献对此进行研究，主要可以分为以下几个方面：（1）当前留学教育发展的政策研究。来华留学教育历经 60 年的发展，政策由封闭走向逐步开放、高校国际学生管理由隔离走向逐步趋同、国际学生来源国别由单一走向多样化的总体特征。（朱国辉 2013）（2）阻碍留学教育发展的影响因素分析。国际学生教育教学质量保障体系是建立在相应质量保障机构和质量保障活动基础之上的，由外部保障机制和内部保障机制共同构成，两者相互依赖、相互补充、缺一不可。（朱志龙 2010）要提高国际学生的质量，高校必须进行课程改革、加强师资建设，政府和社会也必须各自发挥作用，制定长期而明确的国际教育发展战略，建立国际学生教育教学质量标准等，建立政府、社会和高校“三位一体”的教育质量保障体系，实现有效监控。（蒋晓杰 2015）（3）提高留学生招生规模的措施研究。1993 年，国家教委提出，扩大高校自生权，改进国际学生招生工作，由高校自主招生。在此背景下，制订和完善招生政策、对生源国调查与招生宣传、创立品牌教育及完善和利用奖学金体系都是十分有效的措施。（范祥涛 2014）（4）国际学生管理工作的经验总结。白瑛从国际学生管理机制着手分析国际学生招生管理、教学管理和后勤管理等方面存在的问题，提出做好以文化认同为导向的人性化管理、趋同管理，加强国际学生就业指导和校友工作，全面提升国际学生管理的效率和质量。（白瑛 2015）冒大卫提出高校应该在明确国际学生管理的目标理念和国际学生群体特征的基础上，从国际学生的管理职能实现、管理机构设置以及培养项目类型等三个方面形成多元化的国际学生管理格局。（冒大卫 2011）

纵观来华留学教育相关领域的文献成果可以发现，国内的相关研究存在以下几个特点：（1）多基于宏观视角分析影响国际学生人数变化的经济、社会、环境、政策等因素，缺乏理论基础和数据支撑；（2）定性研究多而定量研究少，理论研究多而实证研究少；（3）在研究方法上，或理论思辨强，或经验总结色彩重，通过实证调研做定量研究的文章比较少，尤其是区域差异的实证研究非常欠缺。如何主动配合国家发展战略，在国际学生规模不断扩大的趋势下，以实证研究的方法深入探讨国际学生来华留学择校动机，进而在主动招生宣传中有侧重地突出国际学生看中因素来吸引优秀的国际学生来华学习，逐步实现来华留学教育由“外延发展”向“内涵发展”的转变，成为优化国际学生生源结构和质量、保证中国来华留学教育可持续发展的一个重要课题。

上海是国际学生最为集中的地区之一。据上海市教育委员会最新公布的数据显示，2018 年上海市各普通高校接收国际学生 60 870 人，学位生总数 22 127 人，比上年提高了 1.4%。根据上海交通大学最新公布的统计数据，2019 年国际学生为 7 206 名，其中学位生 2 837 名，国际学生规模和比例在国内高校中居于前列。以上海交通大学为个案开展国际学生来华留学动机的实证调查研究，了解国际学生的基本情况、来华留学择校动因，有一定的代表性和启示性，可以为政府部门、高校调整国际学生招生布局及政策、制定留学教育发展规划和开展留学教育综合改革提供数据参考或借鉴。

二、 研究设计

为了了解当前在读国际学生择校动因及影响因素，明确影响选择的约束因素，并能以此为基础设计和调整招生策略，明确未来的招生重点，并对招生宣传的方式、方法和侧重点做出相应的调整，以做到有针对性的招生宣传，本文对申请上海交通大学的国际学生进行了问卷调查和分析研究。本调查内容涵盖了国际学生的个人信息、家庭背景、学习生活情况等多个方面，主要通过问卷调查网站“问卷星”来发放问卷。本次调查在 2020 年 7 月开始，至 2020 年 12 月结束，共回收问卷 253 份，去除部分关键信息不全或有误问卷后，得到有效问卷 239 份。在 239 份有效问卷中，男性占比 71%，女性占比 29%。从学生类别来看，申请攻读我国大学学位（包括学士和研究生学位）的学生共计 213 人，占总样本的 89%；交换交流及其他类别的学生共计 24 人，占总样本的 11%。从上述样本情况可以看出，学位生的比例占了绝大部分，因此，本文的研究对象以学位生为主。

问卷内容具体分为两部分：第一部分调研国际学生生源基本情况，含上一阶段毕业学校的基本情况、国际学生家庭收入基本情况、国际学生父母受教育的基本情况；第二部分，遵循自上而下的规律，首先比较国际学生出国留学择校的主要影响因素，进而具体到选择中国的原因，并进一步具体到上海交通大学，通过这样的层层分析，寻找国际学生来华留学择校的共同影响因素，以及其选择上海交通大学的具体因素。

三、 国际学生择校动因的实证分析

（一） 国际学生生源基本情况

1. 国际学生毕业学校的基本情况

针对学生毕业学校的质量，我们调查了“你所接受的上一阶段的教育（学校），在当地你认为你原来就读的学校应该属于哪一档的学校?”，在 213 份调查问卷中，学生认为其来源学校质量在当地处于“非常好”的比例为 49.30%，“好”的比例为 38.03%，二者合计占比达到 87.33%，而学校质量一般的比例为 7.04%，“差”和“很差”的比例为 3.29%。由此可看出，国际学生的来源学校在当地一般质量较好。

2. 国际学生家庭收入基本情况

学生的家庭收入情况，在问卷中设计了问题“你认为你的家庭收入在当地属于什么档次?”。在所有的 213 份调查中，2.35%学生的家庭收入在当地属于上等，16.90%学生的家庭收入在当地处于中上等，有超过一半比例的学生（63.38%）家庭收入在当地处于中等，上述三项（学生家庭收入在当地处于中等及以上）占比为 82.63%；而中等及以下的学生占比仅为 12.68%，其中困难和十分困难的学生占比仅为 4.70%。这意味着国际学生的家庭收入主要以中上等收入为主。

3. 国际学生父母受教育的基本情况

而与学生择校相关的另一个因素是学生的家庭背景。为此，我们还调查了学生父母的受教育情况。（见图 1a 和图 1b）国际学生的父母均有较高的文化程度，其中父亲有 9.86%拥有研究生以上的文凭，32.46%拥有本科文凭，二者合计占比 43.32%，高中及以下占比为 25.35%；母亲则有 7.04%的拥有研究生以上的文凭，19.72%的拥有本科文凭，二者合计占比为 26.76%。纵向比较可以发现，父亲中本科及以上教育程度的比例要远高于母亲。总体而言，国际学生的家庭具有较高的教育水平。

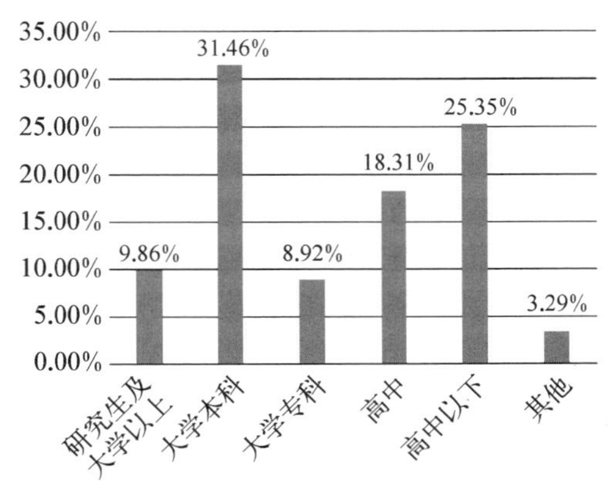

图 1a　父亲的受教育程度

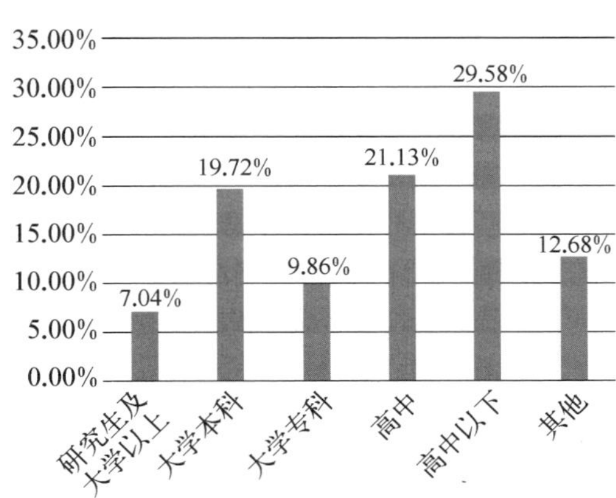

图 1b　母亲的受教育程度

通过上述的样本基本分析能够知道，申请上海交通大学的国际学生一般来自当地较高水平的高中，其家庭收入在当地处于中等以上水平，父母教育程度较高。

（二） 国际学生择校的动因分析

1. 国际学生择校的主要影响因素分析

针对这一问题，我们调查了国际学生择校时的主要原因及其相对重要性程度排序（很重要，5 分；重要，4 分；一般，3 分；不太重要，2 分；不重要，1 分）。在本次调查中，我们主要考虑了影响国际学生择校的 4 个主要因素、可以划分为三类：地理因素（国家地区）、学术因素（学校综合实力排名）以及经济因素（费用和奖学金），具体结果可见表 1。

表 1　择校动因的重要性排序

因　素	变　量	重　要　程　度					加权平均得分
		很重要	重要	一般	不太重要	不重要	
地理因素	国家地区	57.28%	28.64%	9.86%	1.88%	2.35%	4.37
学术因素	学校综合实力	53.99%	29.58%	14.08%	0.94%	1.41%	4.34
经济因素	学费	34.27%	20.19%	30.05%	6.10%	9.39%	3.64
	奖学金	62.44%	14.55%	10.33%	4.23%	8.45%	4.18
平　均		52.00%	23.24%	16.08%	3.29%	5.40%	4.13

从表 1 可以看出，上述 3 个因素对国际学生择校均具有非常重要的影响，在地理因素方面（国家地区），选择很重要和重要的比例分别为 57.28%和 28.64%，二者合计占比 85.92%，加权平均得分为 4.37 分。而学术因素方面，学校综合实力中选择很重要和重要的比例分别为 53.99%和 29.58%，二者合计占比为 83.57%；二者的加权得分为 4.34。而经济因素方面，在学费方面选择很重要和重要的比例则分别为 34.27%和 20.19%，二者合计占比 54.46%；而奖学金中选择很重要和重要的比例分别为 62.44%和 14.55%，二者合计占比 76.99%。上述两项因素的加权得分分别为 3.64 和 4.18。上述 5 项因素的整体平均得分为 4.13。

可以看出，四项因素中选择很重要和重要的比例占到绝大多数，整体平均得分为 4.13 且彼此间差异不大，显示出这些因素共同影响留学生的择校行为。

2. 国际学生选择中国的原因分析

对国际学生选择中国的原因，我们具体调查了三个因素：中国特色、高校实力和经济因素。（具体结果见表 2）

对于中国特色，我们使用“喜欢中国文化”和“家庭原因”两个变量来衡量，对于“喜欢中国文化”，其中有 46.77%的人选择很重要，有 41.94%的人选择重要，二者合计占比达到 88.71%，而选择不太重要和不重要的比例则要低于 5%，上述因素的加权评分为 4.33。中国特色的文化的确是吸引这些学生来华的关键因素。考虑到中国经济的快速发展，有越来越多的人与中国有直接或者间接的经济联系，因此我们也调查了学生择校中的“家庭原因”。在这个变量中，分别有 35.68%和 19.72%的学生选择了很重要和重要，二者合计占比为 55.40%，但与此同时也有 6.57%的人选择了不重要，整体加权评分为 3.62。

表 2　选择来中国上学的原因

因素	变　量	重　要　程　度					加权平均得分
		很重要	重要	一般	不太重要	不重要	
中国特色	喜欢中国文化	46.77%	41.94%	8.87%	2.42%	0.00%	4.33
	家庭原因	35.68%	19.72%	22.07%	15.96%	6.57%	3.62
高校实力	中国高校实力雄厚	53.99%	29.58%	14.08%	0.94%	1.41%	4.34
	在国内上不了名校	22.07%	11.74%	22.54%	14.08%	29.58%	2.83
经济因素	中国高校学费不高	34.27%	20.19%	30.05%	6.10%	9.39%	3.64
	有奖学金	62.44%	14.55%	10.33%	4.23%	8.45%	4.18
平　均		42.54%	22.95%	17.99%	7.29%	9.23%	3.82

而在高校的实力方面，“中国高校实力雄厚”上有 53.99%选择了很重要，29.58%的人选择了重要，在该项上的加权得分为 4.34，这一结果显示出国际学生对中国高校实力的认可。而与之相对应，我们还调查了学生是否“在本国国内上不了名校”。有 22.07%的人选择了很重要，有 11.74%的人选择了重要，在该项上的加权得分为 2.83。对比国际学生对中国高校实力的评价，说明国际学生来华的主要动因来自中国高校实力雄厚的“拉力”，而非本国教育的“推力”，这也要求我们在未来的工作中集中精力，做好本职工作，提高学校的核心竞争力。

最后，我们也调查了经济因素的影响。在“中国高校学费不高”方面，分别有 34.27%和 20.19%的学生选择了很重要和重要，二者合计占比达 54.46%，在该项上的加权得分为 3.64；而与此同时“有奖学金”方面，分别有 62.44%和 14.55%的样本选择了很重要和重要，二者合计占比为 76.99%，在该项上的加权得分为 4.18，远高于“中国高校学费不高”这一项。对比二者间的差异能够看出，对于国际学生来说，经济因素是非常重要的。更为重要的是是否能获得奖学金。

从加权得分上看，从高到低依次为“中国高校实力雄厚”“喜欢中国文化”和“有奖学金”。这意味着在招生工作中应重点突出这三个方面，以做到有的放矢，提高招生效率。

3. 国际学生选择上海交通大学的原因分析

我们根据 213 份调查问卷中目前已被上海交通大学录取的 68 名学生来进一步来分

析有哪些具体的因素影响国际学生选择高校。与前述分析相似，这 68 名学生填写了问卷。问卷同样考虑了地理位置、学校因素、经济因素等多重影响，具体结果见表 3。

表 3　到上海交通大学学习的动机

因素	变量	重要程度					加权平均得分
		很重要	重要	一般	不太重要	不重要	
地理位置	喜欢上海	63%	25%	9%	0%	3%	4.46
学校因素	综合排名	60%	32%	6%	0%	1%	4.50
	专业排名	53%	35%	10%	0%	1%	4.38
经济因素	费用	37%	34%	22%	4%	3%	3.97
	奖学金	50%	19%	21%	1%	9%	4.00
主观因素	父母意愿	32%	22%	21%	13%	12%	3.50
	老师或学长推荐	26%	28%	24%	7%	15%	3.44
	自己对学校很有兴趣	59%	31%	3%	1%	6%	4.35
平均		48%	28%	14%	3%	6%	4.08

从最终的影响来看，加权得分超过 4 分的变量按得分从高到低依次为：综合排名（4.50），喜欢上海（4.46），喜欢就读的专业（4.38），自己对学校很有兴趣（4.35），奖学金（4.00）。得分最低的三项分别为：老师或家长推荐（3.44）、父母意愿（3.50）以及学费不高（3.97）。通过这些分析能够看出，地理位置、学校实力以及学生本身能否获得奖学金是影响学生选择高校的重要因素，这与前述分析保持一致。

4. 国际学生择校动机的进一步验证

上述因素也仅仅粗略地衡量了学生选择上海交通大学的原因。我们将从学生的预期或者学生对学校的要求来侧面衡量这些因素的影响。我们把所有的问题划分为学习、生活和毕业预期三个方面。

在表 4 中，学生有着较高的毕业预期，尤其是希望“能够找一份好工作”，加权平均得分为 4.53；其次是学习中的“与老师关系融洽”与生活环境中的“安全与卫生”，加权平均得分均为 4.46。而“未来回到本国工作”“美丽校园”“社团活动”则对其决策影响较小。因此，综合以上结果可以发现，学生选择上海交通大学的原因主要有两个方面：一方面，从地理位置上看，上海交通大学地处上海。而上海作为全国的经济中心，无论是在求学期间还是未来工作中，学生可以获得较多的工作和实习机会；另一方面，上海交通大学作为国内顶级、世界知名大学，在学术上有着突出的影响，这也是学生选择上海交通大学的核心原因之一。在上述两个方面之外，是否能够和老师、同学融洽相处，良好的安全卫生条件对学生决策也有着非常重要的影响。

表 4　入学前预期的大学生活

因　素	变　量	重　要　程　度					加权平均得分
		很重要	重要	一般	不太重要	不重要	
学习	学术氛围浓厚	60%	35%	1%	1%	1%	4.51
	与老师关系融洽	59%	31%	9%	0%	1%	**4.46**
	和同学关系融洽	57%	32%	9%	0%	1%	4.44
	学好汉语	56%	26%	12%	1%	4%	4.28
生活环境	生活条件	51%	32%	15%	0%	1%	4.32
	安全及卫生	62%	25%	12%	0%	1%	**4.46**
	美丽校园	46%	34%	16%	1%	3%	4.18
	社团活动	46%	34%	15%	4%	1%	4.18
毕业预期	能得到很多实习机会	60%	29%	6%	3%	1%	4.44
	能找一份好工作	68%	25%	3%	1%	3%	**4.53**
	未来回本国工作	34%	24%	29%	6%	7%	3.71
平　均		51%	29%	13%	3%	4%	4.21

四、 小结与建议

本文基于对上海交通大学国际学生的实证调研数据，通过实证研究分析，可以识别出影响国际学生来华留学择校动机的关键约束因素在以下几个方面：地理位置对国际学生择校有显著的正面影响，还有学校的学术影响力以及奖学金情况。要深入实现来华留学教育向“内涵发展”的转变，优化国际学生生源结构和质量，各高校在设计和调整招生策略和布局、制定留学教育发展规划和开展留学教育综合改革中，可考虑在以下几个方面做针对性的调整和改革工作：

首先，对接国家战略布局及发展，除了继续扩大各地区及高校的经济、文化的对外开放程度外，还需充分发挥地域优势。如经济发达、教育资源相对集中、开放程度相对较高的地区或者有独特文化传承的地区，甚至有独特自然风景的地区，其自身的经济、文化竞争力相对较高。同时，潜在的大量实习和工作机会也是对国际学生有一定吸引力。

其次，紧跟国际高等教育发展趋势，借鉴世界一流高校的教育发展经验，强化高校各学科发展、教学质量、国际化课程体系、国际化培养模式以及师资力量的建设，稳步提升优势学科的综合实力和世界排名，全面提升高校的学术影响力，这既是高校发展的生命线，也是吸引优秀国际学生的关键核心所在。

再次，建立分级、分类、符合国际惯例且具有国际竞争力的国际学生奖助学金体系。奖学金方面，在争取政府奖学金的同时，高校应该适当自设国际学生奖学金以及积极寻求校企共设国际学生奖学金，扩大国际学生奖学金的支持来源；助学金方面，通过设立助教或助研的岗位弥补在校留学生奖学金不足的问题，完善留学生助学金体系的建设与规范化管理。

最后，合理制定院系、导师、学生等多维度的激励举措，充分调动国际学生招生院系、国际学生导师、国际学生行政管理队伍以及国际学生的招生积极性，构建学校、院系、导师、在校国际学生、国际学生校友等多方参与的立体化招生宣传模式。以上海交通大学为例，在招生宣传中，需要集中突出高校在地理区位上的优势，突出上海作为中国经济中心以及世界大型城市，在工作机会、对外交流中所拥有的独特优势；突出优势专业学术影响力的客观吸引因素，特别是随着中国经济不断发展，中国高校的整体实力、国际学术影响还将进一步加强；详细介绍高校奖助学金的设置及其具体情况，对国际学生所关注的奖学金政策问题给出准确答复，在关乎国际学生切身利益的经济保障方面排除其后顾之忧。

参考文献

1 Hayward，Fred M.：“Internationalization of U.S. Higher Education. Preliminary Status Report”，American Council on Education Sponsored by the Ford Foundation，2000.

2 中华人民共和国教育部：“国家中长期教育改革和发展规划纲要（2010—2020 年）”，2010 年 7 月 29 日，http://www.moe.gov.cn/srcsite/A01/s7048/201007/t20100729_171904.html。

3 中华人民共和国教育部：“教育部关于印发《留学中国计划》的通知”，2010 年 9 月 21 日，http://www.moe.gov.cn/srcsite/A20/moe_850/201009/t20100921_108815.html。

4 中华人民共和国教育部：“教育部关于印发《推进共建“一带一路”教育行动》的通知”，2016 年 7 月 15 日，http://www.moe.gov.cn/srcsite/A20/s7068/201608/t20160811_274679.html。

5 中华人民共和国教育部：“来华留学工作简介”，http://www.moe.gov.cn/s78/A20/gjs_left/moe_850/tnull_8292.html。

6 人民网：“打造‘留学中国’品牌——中国成亚洲最大留学目的国”，2019 年 6 月 4 日，http://edu.people.com.cn/n1/2019/0604/c1006-31117997.html。

7 上海市教育委员会：《2019 上海教育年鉴》，上海人民出版社，2019 年。

8 白瑛：“高校来华留学生管理中存在的问题与改进措施”，《山东社会科学》，2015 第 S1 期，第 152—153 页。

9 蒋晓杰：“中国高校来华留学生教育质量现状及发展建议”，《教育观察（上半月）》，2015 年第 4 期，第 9 页。

10 范祥涛：“论扩大来华留学研究生规模的招生策略”，《中国校外教育》，2014 年第 12 页，第 337—339 页。

11 冒大卫：“浅析高校留学生管理工作的理念与机制创新”，《思想教育研究》，2011 第 1 期，第 92—94 页。

12 朱国辉：“高校来华留学生跨文化适应问题研究”，《高等教育研究》，2013 年第 9 期，第 94 页。

13 朱志龙：“留学生教育质量保障体系的构建”，《高校教育管理》，2010 年第 2 期，第 48—52 页。

基于生源国中等教育现状调查的东盟国家生源质量提升路径探析

——以中山大学“一带一路”奖学金生为例

韩一瑾　罗　晶*

摘要: 在高等教育国际化的背景下，“一带一路”倡议的助推下，近年来我国高校东盟国家国际学生招生规模稳步提升。与此同时，我们也面临着生源质量参差不齐的严峻考验。无论是从为“一带一路”沿线国家提供人才支撑与智力支持的角度出发，还是以培养“知华、友华、爱华”作为两国民心相通重要桥梁的中坚力量的角度考虑，提升东盟国家生源质量都具有重大意义。本文以生源国中等教育现状为切入点，采取问卷调查和深度访谈相结合的研究方法，以身处粤港澳大湾区的中山大学“一带一路”奖学金生为调查对象，通过对生源国当地中学类型与生源特征、基本课程设置、全国统一考试制度等方面的探索，分析东盟各国基础教育的普遍情况与国别差异，在此基础上提出“一国一策”的提升生源质量具体举措，为改善我国国际学生生源质量提供新的视角与针对性建议。

关键词: 东盟国家　中等教育　入学标准　生源质量

Abstract: With the internationalization of higher education and the support of “the Belt and Road Initiatives”, in recent years, the admission scale of ASEAN students in China's universities has been steadily improved. Meanwhile, we are facing a great challenge that international students from ASEAN countries vary considerably in quality. It is of great importance to improve the quality of ASEAN students both under the consideration of building the idea of “Knowing China, being friendly to China, and Loving China” as the backbone of the bridge between the two peoples and from the perspective of providing intellectual support for countries along the Belt and Road. This paper takes the current situation of secondary education in the source countries as the entry point, adopting the research method of the combination of questionnaire survey and depth interviews, with the students of “Belt and Road” Scholarship Program in Sun Yat-sen University, which locates in the Guangdong-Hong Kong-Macao Greater Bay

* 韩一瑾，博士，广东金融学院外国语言与文化学院讲师，研究方向为高等教育、外语教育。
罗晶，中山大学教务部招生办公室副主任，研究方向为高等教育。

Area, as the respondents of investigation. By exploring the types of local secondary education and the characteristics of students, the basic curriculum, the national unified examination system and other aspects, this paper analyzes the general situation and national differences of basic education in ASEAN countries. Finally, the specific measures of "one country, one policy" are put forward in order to provide a new perspective and pertinent suggestions for improving the quality of international students in China.

Key Words: ASEAN countries, secondary education, eligibility, quality of admitted students

一、引言

来华留学教育对我国高等教育国际化具有重要意义，随着我国高等教育发展水平的不断提升，国内高等院校坚持提质增效，致力于打造“留学中国”品牌，近年来国际学生招收数量显著增加，来华留学事业蓬勃发展。特别是“一带一路”倡议的提出，为我国来华留学教育带来新的机遇与挑战。一方面，作为“一带一路”建设的基础性和先导性环节，来华留学教育在促进民心相通，重构人类命运共同体等方面有着深远且积极的作用，扩大东盟国家国际学生招生规模具有深刻的全局性价值；另一方面，在我国高校国内、国际学生趋同化管理的大趋势下，国际学生数量快速增长与生源质量参差不齐的矛盾日渐凸显。“一带一路”沿线国家的国际学生因其国家独特的地理位置、政治文化背景而区别于其他国际学生群体，是“一带一路”沿线国家基础建设、贸易文化领域发展的重要支撑与智力支持。同时，高等教育有其自身规律，生源质量的不均衡会给高等院校学生培养带来阻碍。因此，如何在招生数量与质量间找到科学的平衡点，找到提升东盟国家国际学生生源质量的具体举措，探究提质增效的有效路径成为当前迫切需要解决的问题。

二、中山大学“一带一路”奖学金生生源现状分析

粤港澳大湾区有其特殊的区位优势，这里是海上丝绸之路的重要起点，更是一个可以到达多个世界重要经济区的中心枢纽，具有不可替代的作用。而东盟是海上丝绸之路的十字路口和必经之地，是海上丝绸之路的首要发展目标。中山大学积极响应“一带一路”倡议，紧密结合广东在海上丝绸之路的功能定位，从 2016 年开始规划，2017 年起设立“一带一路”本科留学生奖学金项目，正式招收东盟十国（文莱、柬埔寨、印度尼西亚、老挝、马来西亚、缅甸、菲律宾、新加坡、泰国、越南）国际学生，致力于培养具有中国情怀和国际视野、能够参与国际对话与合作的高素质、创新型、复合型，具备优秀跨文化交际能力的各领域专业人才。截至 2020 年底，获得中山大学“一带一路”奖学金资助的在校国际学生已达 400 余人。

（一） 生源基本情况

中山大学自2006年下半年起创新国际学生招生工作机制，以“机构推荐制”为主要招生模式，这里的推荐机构主要包括中国驻东南亚国家使领馆、东南亚国家驻穗领事馆、东南亚各国当地华人组织等。学校以东南亚国家优秀青年为主要招生对象，设立了“一带一路”奖学金项目。首先从招收数量上来看，学校采取了名额分配的制度。以2020年为例，向东盟十国的每个国家开放了二十个招生名额，如在该国有两个推荐机构，就给予每个机构十个招生名额。但从实际招生数据上来看，在泰国、印度尼西亚等国家招生计划可以足额甚至超额完成，但在新加坡、文莱等国，机构无法推荐足额的优质生源。从在校生的数据来看，目前在校的400余人中，印度尼西亚、老挝、柬埔寨三国学生共246人，占该项目在校总人数的一半以上。从学生报考以及实际录取的专业来看，该项目学生集中在管理学院、国际金融学院、中山医学院、旅游学院、中国语言文学系、计算机学院、传播与设计学院，报考热门专业包括经济管理、旅游管理、新闻传播、汉语言、临床医学、大数据计算机等。而国内高考第一志愿录取率较高的学院包括中山医学院、岭南学院、中国语言文学系、法学院、计算机学院、传播与设计学院、数学学院、生命科学学院等。将二者进行比较，可以发现中山医学院临床医学等中山大学传统优势专业受到学生欢迎，但国际学生在选择专业时更多关注就业前景、专业排名以及知名度等因素，数学、生态学等基础学科遭到冷遇。

从生源质量上看，与国内通过高考分数对各省份、各专业生源质量进行科学评价不同，国际学生的生源质量难以用统一标准进行量化，对“生源质量”这一概念本身的界定上也有不同的看法。中山大学目前的做法是通过对国际学生申请材料中的学分绩点、统考成绩以及汉语水平考试成绩进行量化统计。按照高中三年成绩在全年级排名前30%为标准，每年入学时均有超过50%的学生高中阶段成绩优秀，特别是马来西亚、印度尼西亚、泰国的优秀学生比例均超过70%。问卷调查的结果显示，学生在高中阶段成绩排名在年级前10%的占32.8%，前10%—30%的占30.19%，仅从高中阶段的成绩来看，生源质量较优。根据教育部《来华留学生高等教育质量规范（试行）》要求，中山大学从2019年开始提高对“一带一路”奖学金项目申请者的汉语水平要求，申请人达到汉语水平考试（HSK）五级180分及以上方可进入专业学习，如果成绩优秀但汉语不达标，需进行一年的汉语补习，达到要求后方可进入专业学习。2020年要求申请人需达到汉语水平考试（HSK）三级180分以上方可进入汉语补习课程学习。通过表1可以发现，自2017年正式招生以来，该项目汉语补习学生的占比呈逐年下降趋势，2020年，已有超过70%的申请人可以直接进入专业学习。

通过高中阶段成绩及汉语水平两个角度的评测，招生工作机制的改革和对申请人汉语水平要求的提高，使中山大学“一带一路”奖学金项目的生源质量逐年稳步提升。

表 1　中山大学“一带一路”奖学金项目新生参加汉语补习学生所占比例

入学年份	学生占比（%）
2017	53.8
2018	59.8
2019	47.6
2020	29.2

（二） 主要问题分析

基于目前的生源数量与质量情况，我们对以下两个问题有所思考：一是现有的生源质量评价标准是否科学，二是提高生源质量与降低在校生流失率如何有效结合，使二者互为因果，双向推进，进入良性循环状态。

高校生源质量一般指的是当年所招收新生的整体素质，对国内高校本科生生源质量来说，高考成绩是一个重要的评价标准。但由于目前我国没有统一的国际学生入学考试体系，因此对生源质量的评定也难以划定一个统一的标准。中山中学当前的做法是从学生的申请材料入手，对学生上一教育阶段的学分绩点、统考成绩、HSK 成绩、校长与班主任推荐信、自荐信等进行综合分析与考量，评价学生的基本学习能力、基础知识水平以及汉语水平。但笔者认为，国际学生生源质量是一个需要从多维度思考的问题，首先是“生”的质量，即学生自身各方面能力，包括汉语水平、知识体系、学习习惯与能力、跨文化交际能力等，但往往被忽视的还有“源”的质量，这里的“源”可以解释为来源国中等教育现状、对人才需求情况与报考学校学科的匹配程度等。由于目前部分奖学金设定具有一定的区域偏好，“招生区域失衡也传递到留学生人才培养质量领域”。（刘进 2020）避免同来源国学生的同质化培养，通过专业的科学投放与匹配，让学生能够进入最适合的专业，也是生源质量评估的一个重要指标。

中山大学在国际学生培养过程中面临的第二个主要问题是学生学业完成度低，流失率过高。以流失率最高的老挝籍学生为例，中山大学 2017—2019 三年间所招收的老挝籍学生截至 2020 年底离校与退学率已高达 30.6%。流失的主要原因有二：一是参加汉语补习的学生因补习汉语一年以后没有达到最低汉语水平要求而离校；二是进入专业学习后，随着专业课程数量增多、难度加大，部分学生所修学分未达要求，特别是理工类和经管类专业的学生学业完成度较低。

鼓励“一带一路”沿线国家学生来华留学是为顺利推进“一带一路”倡议，提供国际化人才和智力资源的重要路径之一，但招得进来，学不出来，不但不能达到提供人才支撑的目的，反而影响我国高等教育在“一带一路”沿线国家的声誉。笔者认为，我们不能一味追求国际学生生源质量的全面提高，而是应该在保持生源较优质的马来西亚、泰国、印度尼西亚等国学生选考比例的基础上，在招生环节就要有效结合提高生源质量与降低学生流失率，正视生源分布不均衡，基础教育资源分布不均衡、地区校际分布不均衡等问题，直面基础教育差距，了解各国学生优势，通过正确引导，避免学生选择与自身学业基础匹配度较低的专业而使其一入学就处于被动局面，尽可能保证所有进入专业的学生都可以顺利毕业，并在此基础上适度提高国际学生深造率。

三、生源国中等教育现状与生源质量提升策略

（一）问卷与访谈提纲设计以及调查方法

为了解决上文提及的两个主要问题，笔者设计了调查问卷，通过问卷星向 2017—2019 级中山大学“一带一路”来华留学本科生中的奖学金生发放，共回收问卷 53 份，有效问卷 53 份。问卷主要分为四个部分，第一部分为学生基本信息，第二部分为学生高中阶段所学课程、所选科目及成绩，第三部分为学生高中阶段汉语学习相关问题，第四部分为专业选择与转专业等相关问题。问卷语言使用汉语，考虑到学生的实际汉语水平，词汇难度控制在 HSK3 级及以下，文字表述口语化。同时，笔者对除文莱以外其他东盟各国在校生进行了深度访谈，访谈的主要内容包括当地中学类型与生源特征、当地全国统一考试制度、对目前中山大学在当地的招生条件与情况有何意见等，笔者在访谈前将提纲提前发给访谈对象，并请访谈对象在访谈前在本国教育部官方网站上查找相关资料。

（二）东盟十国中等教育基本情况调查

首先，从当地中学类型来看，东盟国家中等教育大都有公立与私立之分。如越南高中主要分为公立和私立，其中重点高中多为公立。而印尼的私立中学比公立中学更多。在部分国家，华文中学具有特殊地位。所谓“华文中学”，指的是由当地华人华侨兴办的中等教育机构，既有使用汉语作为教学媒介语的华文中学，也有在所在国主流教育体系中加入汉语课程的中学。缅甸目前主要的三种高中类型为公立高中、私立高中、华文中学。马来西亚则分为国民中学、国民型中学以及华文独立中学，其中华文独立中学为不享受马来西亚政府津贴的独立中学，学制为三年，以中文为教学语言。在菲律宾，汉语水平考试（HSK）能够达到五级以上的学生也多集中在华文中学。随着中国的全球影响力持续提升，越来越多的国际学校也将汉语作为必修或者选修课程。访谈中，一位菲律宾籍在校生认为，目前我们的主要招生对象为华校学生，如果学校希望扩大生源范围，提高生源质量，应该将当地的国际学校学生也纳入重点招生宣传对象中。

其次，关于全国统一考试制度，东盟国家间的差异也较大。泰国自 2004 年取消大学入学统一考试，各大高校以高中成绩作为录取学生的主要依据，其他国家在泰招生也普遍采取参考学生高中成绩的做法。新加坡高中是两年制，学生需参加统考进入大学学习。考试评核标准是新加坡剑桥普通高等教育证书考试（GCE A-level）成绩占

85%，专项作业和课外活动占15%。马来西亚国民中学或国民型中学学生需参加马来西亚教育文凭（SPM）、马来西亚高级教育文凭（STPM）或英国高中课程证书（A-level）考试，华文独立中学毕业生则需参加马来西亚华文独立中学统一考试（UEC）或技职科统一考试。菲律宾与其情况类似，根据就读高中类型的不同，参加的考试类型也有所不同。而采取分科考试的国家有柬埔寨、缅甸、越南与印尼。柬埔寨教育部的资料显示，柬埔寨高考分为理科和社会理科。其中理科的考试科目包括历史、生物、化学、外语（法语和英语）、高棉文学、物理和数学。社会理科考试科目包括科学地球、历史、地理、外语（法语和英语）、数学、道德与公民教育以及高棉文学。考试成绩由A到E分为5个等级，其中获得A级的考生占全国总考生数的5%左右。柬埔寨籍在校生在访谈中表示，柬埔寨高考的及格率一直不高，如果所有科目都能达到B级及以上就可以申请到一流大学。缅甸高考分为理科、经济科与文科。其中理科需要考试的科目为：语文（缅甸文试卷）、数学、英语、化学、生物、物理（英文试卷），各科目40分为合格分，语文、英语分数达到75分即为优秀。经济科考试科目为：语文（缅甸文试卷）、数学、物理、化学、经济（英文试卷），数学、物理、化学、经济分数达到80分即为优秀。缅甸在校生表示，高考总分高于550分的学生是相当优秀的。高考总分高于350分的学生为中等偏上。2001年以后，越南也开始实行全国统一高考，主要分为文科、理科。文科需要考试的科目为：英语、数学、文学；理科需要考试的科目为：化学、物理、数学。印尼高中生原本需参加全国统一高等教育入学考试，考试分社会科学和自然科学两类。由于受到新冠疫情影响，印尼总统宣布取消除SMK（职业高中考试）以外2020年所有的全国性教育统一考试。

在汉语课程设置方面，马来西亚华文中学以中文为教学语言，参与问卷调查的所有马来西亚籍国际学生都表示自己的汉语水平接近汉语母语水平。但在访谈中，有马来西亚籍学生表示，除华文独立中学以外，国民高中和国民型高中也有汉语水平很高的学生。“马来西亚教育部已于2003年起把华文学科纳入国民学校正课”，（王焕芝、洪明 2011）由于马来西亚高级教育文凭（STPM）中文考试难度较高，如果能够通过该科考试，学生汉语水平已达到一定水准。菲律宾华文中学将汉语课设定为必修课程，但不同学校汉语课时总量存在较大差异。其余国家的学生较少来自华文中学，来华前汉语水平不一。如参与问卷调查的53名在校生中，来华前没有学过汉语的学生共20名，HSK三级及以下学生共6名，二者相加占总人数的49%。

（三）主要问题与生源质量提升策略

基于调查，本文试图从以下三个方面找到提升生源质量的策略与路径：

一是从学生自身汉语水平出发，考量汉语水平是否是学生进入专业学习的最大障碍。在培养过程中，我们普遍认为制约留学生培养质量提升的首要障碍就是语言能力过低。有研究认为，汉语通过一定的等级是留学生入学的基本前提，“对这一前提的延后要求可能为来华留学教育质量问题埋下隐患”（蔡宗模等 2019）。因此，应当通过提高汉语水平门槛，完善汉语水平考试制度，逐步提高生源质量。且目前我国高校大多专业采取中文授课，招收熟练掌握汉语的国际学生有利于实施趋同化管理。但应当招收汉语达到什么等级的国际学生，尚需进一步探讨。通过问卷调查，我们得到了以下几组数据。首先，对于“汉语水平是否是影响专业学习效果的重要因素”一题，选择“最重要”的学生有 17 名，总占比 32.08%，选择“特别重要”和“重要”的 33 名，占比 62.09%。其次，超过一半以上的学生认为汉语水平达到 HSK 五级，再掌握专业相关词汇，就可以顺利理解专业课的授课内容。可以发现专业课中的专业术语对国际学生来说存在语言转换的问题。另一方面，目前中山大学“申请人需达到汉语水平考试（HSK）五级 180 分以上方可进入专业学习”的汉语水平要求是科学合理的。而对于在来华留学前是否有必要在课余时间补习汉语，认为有必要的学生占绝大多数，其中零基础中的 90%，HSK 三级及以下的 83%，HSK 四级中 75%的学生认为需要加强汉语学习。随着汉语水平的提高，补习需求呈递减趋势。总之，从汉语水平的角度看待提升质量，应当继续将入系学习的汉语等级门槛定为 HSK 五级，同时应在入学后帮助学生迅速了解相关专业术语的汉语表达。

二是从学生自身高中课业成绩出发，考量如何对标当地一流高校入学门槛，找到该国生源数量与质量的平衡点，提出“一国一策”的科学质量评价标准。在调查中，有 67.92%的学生表示申请中山大学比申请本国一流大学更难，但所有参与调查的马来西亚籍学生都表示，申请中山大学更简单，这表明我们对于申请条件“一刀切”的做法有待改善。首先是对有成熟的全国统一考试制度的国家而言，我们可以参照发达国家高等院校以及当地高等院校的入学要求，根据招生学校的实际情况，确定对该国考生统考成绩的最低要求。特别是对于有分科考试的国家，将当地统一考试科目与我国新高考制度下的选考科目进行科学匹配，更有利于招到学业基础较好的专业人才。而对于采取主流的国际课程体系的国际学校，则可以划定一个统一的新生入学标准。

三是考虑如何科学投放专业，才能提高学生的学业完成度。首先要关注学生的学业基础，特别是高中阶段的课程设置和学生成绩，如印度尼西亚高一不分科，统一学习语、数、外、文科综合、理科综合，到了高二分成文科、理科和语言科。至此，文理科才有具体的分类学科，文科是经济学、社会学和地理，理科是物理、化学、生物，语言科是印尼语、英语、中文和爪哇语。因此，高二学生所学课程已大为不同，需要考虑如何将学生高中所学课程与大学低年级课程进行有效衔接。此外，从收集到的数据来看，中山大学招收的学生优势学科往往偏向文科。“你在高中时期最擅长的科目”一题的统计结果显示，学生所选科目由多到少依次为：语文、数学、英语、历史和汉语，而最不擅长的科目则集中在数学、化学、物理这三门理科基础课程上。虽然学生最擅长学科和最不擅长学科中都有“数学”，但认为“大学一年级最难的课程是高等数学”的学生高达 60.38%，还有转过专业的学生将“高等数学太难”作为转专业的主要原因。在开放性试题“如果再给你一次选择的机会，你会报考中山大学的哪个专业”中，有约半数的学生选择了“汉语言”专业。“汉语言”专业是中山大学中文系面向国际学生开设的本科专业。由此可知，目前中山大学招收的学生中擅长文科的居多。通过调查，我们发现进入理工类专业的学生学业完成度最低，流失的学生与选择转入文科专业继续学习的学生加起来约为学生总数的 30%。当前“一带一路”建设包含的信息通信等基础工程建设，需要大量掌握尖端科技又熟悉当地情况和语言的专业人才。而实际情况却是国际学生大多选择了汉语言专业，或者即使选择了理工科专业，也无法顺利完成学业。在有分科考试的国家进行招生，适度增加理科考生招收名额，并将招收标准提高至与当地一流大学相同或略高的水平，有助于解决此问题。

四、结论

高等教育国际化是我国现代高等教育发展的重要任务之一，教育国际化既要看数量上的增长，也要关注质量的提升，保障国际学生生源质量是我国高校共同面临的重要课题。本文通过对东盟国家中等教育的现状调查，从汉语水平、学业基础以及专业投放三个角度提出了提升生源质量的策略，希望能够对未来国际学生的招收提供一些有益的建议。同时，对东盟国家中等教育的现状调查尚处于起步阶段，下一阶段的研究将通过实地调查了解学生的真实情况，深入研究拟来华留学的学生关心的问题，想要了解的资讯，在此基础上提供有针对性的充足信息，提升招生宣传的有效性。

参考文献

1 蔡宗模、杨慷慨和张海生：“来华留学教育质量到底如何——基于 C 大学‘一带一路’来华留学教育的深描”，《清华大学教育研究》，2019 年第 4 期，第 104—112 页。

2 韩家勋、孙玲：《中等教育考试制度比较研究》，北京：人民教育出版社，2002 年。

3 刘进：“‘一带一路’背景下如何提升来华留学生招生质量——奖学金视角”，《高校教育管理》，2020 年第 1 期，第 29—39 页。

4 王焕芝、洪明：“马来西亚华文教育政策的演变及未来趋势”，《福建师范大学学报（哲学社会科学版）》，2011 年第 4 期，第 191—195 页。

5 中国-东盟中心：《东盟国家教育体制及现状》，北京：教育科学出版社，2014 年。

来华留学生研究综述

——基于 WoS 核心合集 SSCI 文献[*]

樊静薇　田　美[**]

摘 要： 随着我国高等教育国际化的发展，来华留学人数的快速增长，越来越多的国内外学者开始关注来华留学生研究。因此，对来华留学生研究做一个综述的需求也更加迫切。本文基于 Web of Science 中 SSCI 期刊数据库，梳理了来华留学生研究相关的英文文献，对研究文献进行了量化分析，并从来华留学教育政策、国际教育体系发展等宏观层面，以及留学生来华动机、在华学习与社会经历、跨文化适应与身份构建等微观层面进行了质性分析，以期对来华留学生教育研究有一个全面、系统的分析，为未来研究者开展来华留学生研究提供参考。

关 键 词： SSCI 期刊　来华留学生　研究综述

Abstract： With the development of Chinese higher education internationalisation, an increasing number of international students has chosen to study in Chinese universities. The expansion of China's international education has led to the growth in number and diversity of the studies on these students' educational experiences in China. In this context, this article reviews the research literature on international students in China, as published in SSCI indexed journals and extracted from the Web of Science database. Quantitative analysis reveals the characteristics of the research literature, including major journals, authors and affiliated institutions. Qualitative analysis reveals major themes and findings of the representative research, including the development and policy-making of Chinse international education, the factors motivating international students to choose China as their study destination, their learning and social experiences in China, intercultural adaptation and identity reformation. This review contributes to a comprehensive understanding of the internationally published research on international students in China. It hopefully serves as a reference for future research on the topic.

Key Words： SSCI indexed journals, international students in China, literature review

---

* 本文系中国高等教育学会外国留学生管理分会 2020—2021 科学研究课题资助项目（CAFSA2020-Z003）、国家自然科学基金项目（71804145）、陕西省社科基金项目（2018Q03）成果。

** 樊静薇，西安交通大学外国语学院讲师，研究方向为高等教育国际化。
田美，西安交通大学外国语学院教授、博士生导师，研究方向为跨文化教育、留学生经历与认同构建。

一、引言

国际上对于留学生群体的研究始于19世纪初。19世纪上半叶，相关研究数量少，内容多是对留学生留学经历、东道国见闻的记录。19世纪下半叶起，关于留学生的研究逐渐增加，研究主题也更加广泛，开始关注留学生对东道国的态度、与当地人的交往、心理健康等问题。20世纪90年代初以来，海外对留学生研究进入蓬勃发展阶段。2005年后相关研究呈指数增长，研究包括宏观政策与流动趋势分析、跨文化适应、文化与跨文化认同、跨文化发展、第二语言习得、心理健康等许多方面。最近十年新兴的研究还涉及了社会融合、毕业生就业、就读满意度等主题。（Jing et al. 2020）

目前国际上进行留学生相关研究的主要国家是美、英、澳大利亚等传统留学生接收国（Jing et al. 2020）。我国的留学生教育起步较晚，近十年进入蓬勃发展时期。伴随来华留学生教育发展，来华留学生研究已经引起国际学界的关注。本文基于Web of Science核心数据库中的社会科学引文索引（Social Sciences Citation Index，即SSCI）期刊数据库，对国际期刊来华留学生文献进行系统梳理，量化分析来华留学生研究的现状与特点，质化分析来华留学生研究的主题与代表性发现，为我国学者进一步开展来华留学生研究提供参考。

二、来华留学教育发展

我国来华留学教育始于中华人民共和国成立之初。在发展初期，由于国家经济和科学技术发展水平低，留学生人数少，增长缓慢。据统计，从1950年到1965年，全国共接收来自70个国家的7 259名留学生。（Cheng 2012）20世纪70年代末实行改革开放政策以来，国家经济水平逐步提高，留学生也不断增加，1978年到1989年，共招收来自124个国家的58 847名留学生（Yu 2009）。21世纪初，我国加入世界贸易组织，经济腾飞，来华留学教育迅速发展。2010年，教育部出台《留学中国计划》，加强中外教育交流与合作，推动来华留学事业持续健康发展。（教育部 2012）2016年教育部印发了《推进共建“一带一路”教育行动》文件，推进“一带一路”国家和地区教育互联互通与人才培养培训合作。2018年，来自196个国家与地区的492 185名留学生在我国31个省（区、市）的1 004所高校学习，（教育部 2019）我国从传统的留学生派出国转变为仅次于美国和英国的世界第三大留学生接收国。（Institute of International Education 2017）

三、研究文献选择

本研究选取“来华留学生”相关的关键词，在Web of Science核心数据库中，检索了1949年1月1日至2020年10月4日间在SSCI期刊数据库中的相关文献。检索关键词包括“international students in China”“overseas students in China”“foreign students in

China" "transnational students in China" "cross-border students in China" "students studying abroad in China" "exchange students in China" "visiting students in China" "inbound students in China" 以及 "outbound students in China"。检索结果显示 1 552 篇论文，随后剔除了重复的论文、剔除了讨论海外中国留学生的论文、并通过对文献进行全文阅读，进一步剔除了不相关论文，确保筛选的论文都与"来华留学生"相关。通过筛选，最终获得 60 篇研究论文，论文包括期刊正式发表与线上优先发表两类，发表语言均为英语。尽管最后筛选出来的研究论文数量有限，但仍可从中窥见研究的现状与特点。

四、研究文献分析

（一）研究起步晚，数量少但近年增长迅速

图 1 列出了 60 篇 SSCI 研究论文的发表时间分布情况。从中可见最早关于来华留学生的 SSCI 论文发表于 2003 年，但其后直到 2010 年才再有相关研究发表。2014 年以前，SSCI 期刊共发表相关论文 5 篇；另有 55 篇论文发表于 2014 年之后，占全部检索出论文的 91.67%。近年迅速增长的相关研究趋势，与前文讨论的来华留学教育发展阶段是吻合的：尽管我国从 1949 年起就开始接收留学生，但直到进入 21 世纪后，来华留学生人数才逐渐增长；2010 年《留学中国计划》出台后，来华留学教育进入规范发展、提质增效阶段，留学生规模迅速扩大。发表的 SSCI 相关研究成果略有滞后，从 2014 年之后开始稳步增长，2018—2020 年的研究文献更占发表总量的 63.33%（38 篇），可见来华留学生研究逐渐成为国际学界关注热点，但整体而言，高质量文献数量仍然偏少。

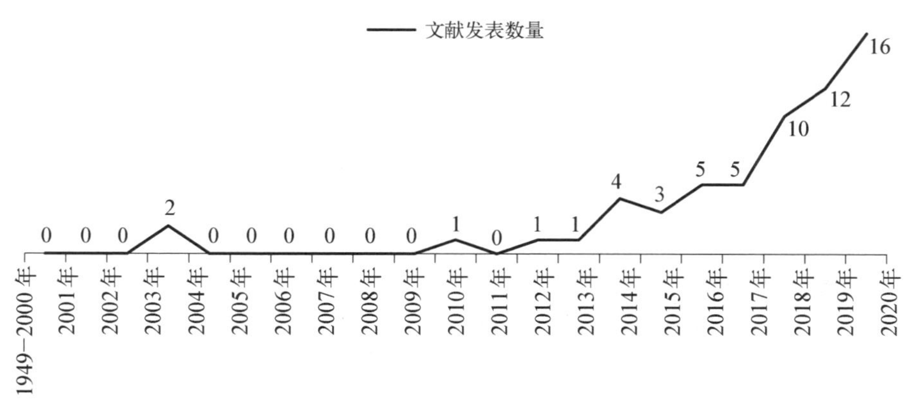

图 1　1949 年—2020 年 SSCI 数据库中发表的来华留学生研究文献分布情况

（二）研究主题宽，相关学科跨度广

图 2 应用 CiteSpace 对 60 篇检索出论文进行了关键词共现分析，从中可见论文主

要涉及来华留学生教育经历、跨文化适应、身份认同、跨国流动、全球化等主题，同时也关注留学生健康、压力、人才流动、国家软实力等主题，研究主题比较广泛。

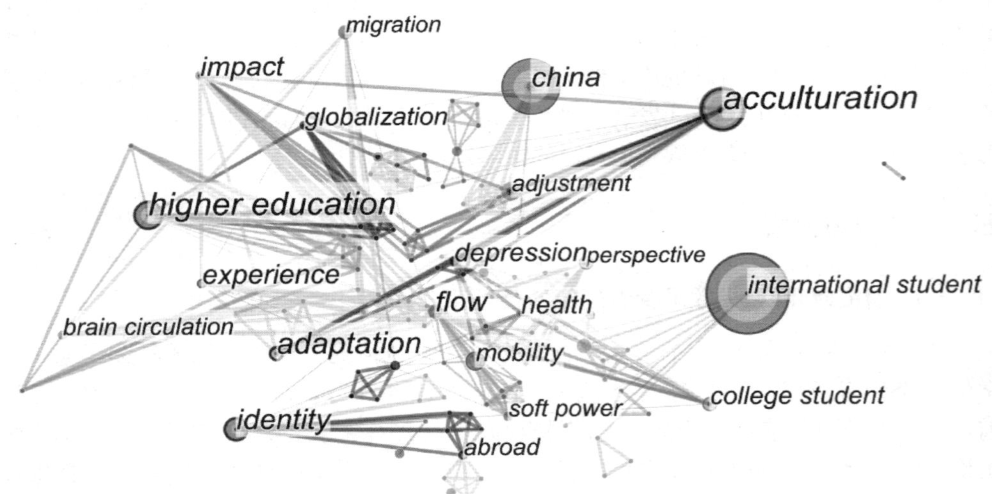

图 2　研究文献关键词共现分析图谱

图 3 梳理了这些文献所涉及的研究领域，可以看出主要的研究方向为教育研究，其次为语言学、心理学研究，也涉及科技、环境科学、社会学、传媒、商务等方向研究。由此可见，来华留学生研究与多学科相关、具有跨学科属性。

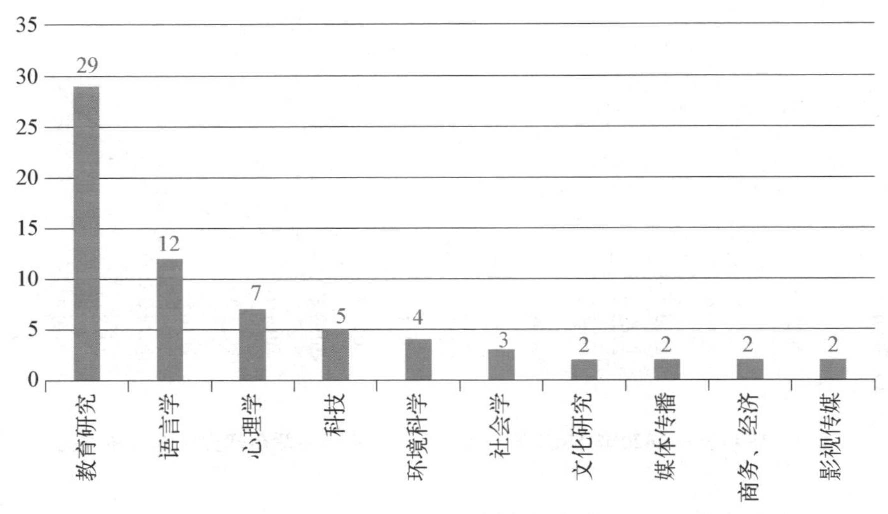

图 3　研究文献的主要研究方向

（三） 发文期刊多关注高等教育

60 篇研究文献分别发表于 37 种 SSCI 期刊，这些期刊关注的重点各有不同，涉及教育、政策、经济、语言等。表 1 列出了发表了 2 篇以上相关论文的 SSCI 期刊，共 12 种，这 12 种期刊发表了 60 篇文献中的 35 篇，占 58.33%。其余 25 种 SSCI 期刊只发表了 1 篇相关论文。从表 1 可见，排名第一的期刊为 *HIGHER EDUCATION*（9 篇，15.00%），刊文量是国际教育领域重要期刊 *JOURNAL OF STUDIES IN INTERNATIONAL EDUCATION* 的两倍多（4 篇，6.67%），排名第三的期刊是 *HIGHER EDUCATION POLICY*（3 篇，5.00%）。由此可见，来华留学生研究是国际高等教育领域关注的一个重点和热点问题。

表 1　发表研究文献的主要期刊

发　表　期　刊	篇数	百分比
HIGHER EDUCATION	9	15.00
JOURNAL OF STUDIES IN INTERNATIONAL EDUCATION	4	6.67
HIGHER EDUCATION POLICY	3	5.00
SUSTAINABILITY	3	5.00
ASIA PACIFIC EDUCATION REVIEW	2	3.33
CHINA & WORLD ECONOMY	2	3.33
EDUCATIONAL SCIENCES-THEORY & PRACTICE	2	3.33
ENGLISH TODAY	2	3.33
INTERNATIONAL JOURNAL OF EDUCATIONAL DEVELOPMENT	2	3.33
JOURNAL OF MULTILINGUAL AND MULTICULTURAL DEVELOPMENT	2	3.33
MULTILINGUA	2	3.33
PLOS ONE	2	3.33
合计	35	58.33

（四） 研究机构分析

1. 研究机构主要为高等教育机构

60 篇研究文献的所有作者都来自高等教育机构。表 2 列出了发表论文数量在 2 篇以上的第一作者，表 3 列出了参与发表频次 2 次以上的研究机构。从中可以看出，从事来华留学生研究的机构主要为各高校。

表 2　发表 2 篇及以上研究文献的第一作者

作　　者	发表篇数	百分比	被引频次	所　属　机　构
Wen Wen	3	5.00	51	Tsinghua Universtiy, China（清华大学，中国）
Ma Jiani	2	3.33	42	Beijing Normal University, China（北京师范大学，中国）
Hashim IH	2	3.33	35	Universiti Teknologi MARA, MALAYSIA（玛拉工艺大学，马来西亚）
Tian Mei	2	3.33	23	Xi'an Jiaotong University, China（西安交通大学，中国）
Yang Peidong	2	3.33	22	Nanyang Technological University, Singapore（南洋理工大学，新加坡）
Mulvey Benjamin	2	3.33	4	The Education University of Hong Kong, China（香港教育大学，中国）
合计	13	21.67		

表 3　参与发表研究文献 2 次及以上的机构

发　表　机　构	参与发表频次
Tsinghua University（清华大学）	4
Beijing Normal University（北京师范大学）	3
Chinese University of Hong Kong（香港中文大学）	3
Nanyang Technology University（新加坡南洋理工大学）	3
Xi'an Jiaotong University（西安交通大学）	2
Central China Normal University（华中师范大学）	2
Education University of Hong Kong（香港教育大学）	2
Huazhong University of Science Technology（华中科技大学）	2
Shanghai Jiaotong University（上海交通大学）	2
South China University Technology（华南理工大学）	2
University Teknologi MARA（马来西亚玛拉工艺大学）	2
Wuhan University of Technology（武汉理工大学）	2

2. 发表研究文献的作者主要来自中国

图 4 列出了 60 篇研究文献的研究机构国别分布情况。作者主要来自中国高校（44 人次），其次为美国（13 人次），此后依次为新加坡（4 人次）、英国（4 人次）、澳大利亚（3 人次）、加拿大（3 人次）、马来西亚（2 人次），哈萨克斯坦、孟加拉国、挪威、日本均为 1 人次。可见，关注来华留学生教育的研究机构主要来自中国，但也不乏其他国家的研究者。

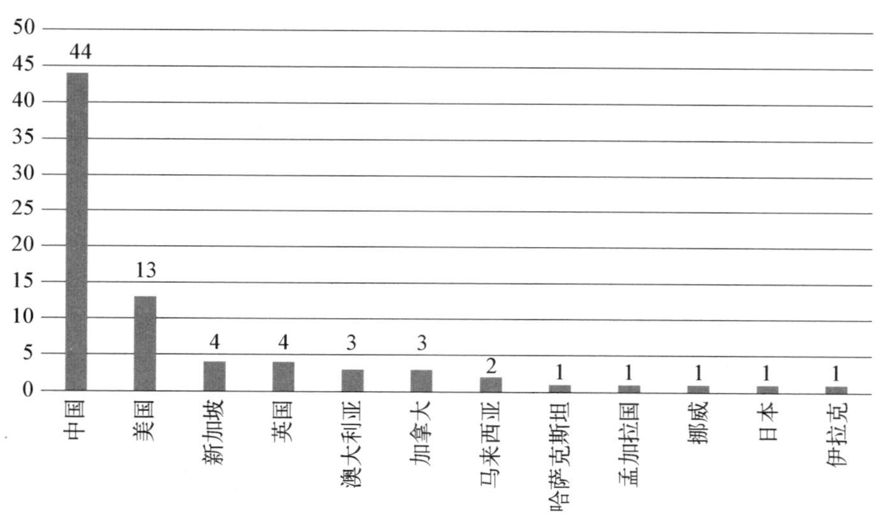

图 4　研究机构国别分布

（五）研究主要内容

通过文献梳理，我们发现现有关于来华留学生的研究主要集中在两个层面：一是从国际高等教育政策、教育体系发展及特点等宏观层面进行讨论，相关文献共 11 篇。二是从来华留学生的留学动机、在华学习及生活经历等微观层面进行的讨论，共有相关文献 49 篇。

1. 宏观层面的研究

（1）来华留学生教育体系的发展及特点分析

从宏观层面研究来华留学生发展的文献有 2 篇。Ma 和 Zhao（2019）从理论基础、政府角色和国际学生三个方面分析了我国留学生教育的特点、面临的挑战与未来发展的趋势。文章回顾了来华留学生教育发展的三阶段，即改革前时代（1949—1978）、改革时代（1978—1990）、改革后时代（1990 至今）的主要特点，指出现阶段我国留学生教育与发达国家存在差距，攻读学位课程的留学生占比较低，留学生管理制度有待完善。Liu 和 Liu（2020）通过访谈在加拿大参加职业培训的 39 位中国大学行政人员，对比了我国和加拿大的留学生管理方式，指出留学生管理具有双轨制、自上而下、手把手的主动管理特点。

（2）留学生流动政策研究

Chan 和 Wu（2019）从奖学金、学科变化、国际学生输出国/地区三方面对来华留学生流动现状进行了分析，指出留学教育是中国提升全球影响力的重要手段。其他学者强调了大规模留学生跨国界流动，在文化多样性、全球人才、促进政策改进和实践等方面为全球共同利益做出的贡献（Tian and Liu 2020），但 Yang（2020）认为留学生跨国界流动在“经济、人才、象征性”资本方面并未为中国带来太大收益。Mulvey（2021）针对中非学生流动进行了相关政策话语分析，拓展了此前文献对留学生跨国流动的后殖民主义分析，指出相关政策话语反映了留学生派出国与接收国的相对结构性立场。

学者也关注了招生和奖学金等影响留学生流动的具体管理政策。Wu（2019）基于霍姆斯（Holmes）分析语境的四模式分类法，实证调查了就读于我国三所高校教育学院英文授课专业的留学生对我国留学生招生政策的看法，结果显示来自社会发展程度更高、经济更发达国家和地区的留学生对我国招生政策持有较消极的态度。

另有针对来华留学奖学金政策的研究。例如，Ha 等人（2020）具体分析了非洲国家自然资源拥有量与我国在非洲国家设置奖学金的关系，指出非洲国家拥有的自然资源量不影响我国对该地区学生的奖学金支持。Rashid 和 Lin（2018）使用层析分析法（Analytical Hierarchy Process）开展了量化研究，研究发现留学生普遍对我国奖学金政策表示满意，巴基斯坦留学生满意度相对更高。

2. 微观层面的研究

（1）来华留学动机研究

来华留学动机是微观层面研究的主题之一。影响来华留学的主要外部因素有文化、经济、教育质量等。Wei 等人（2019）指出高等教育质量是吸引发展中国家来华留学的重要因素。Wen 和 Hu（2019）认为教育、经济的推动力更强，文化、社会影响相对较小，但也是吸引东盟成员国华裔、亚洲邻近国家学生来华留学的原因。Ma（2017）认为我国经济的强劲增长是吸引留学生来华寻求高等教育机会的主要因素。其他影响留学生选择来华的外在因素包括汉语国际影响力（Lee 2019）与价值观等“软实力”（Wei et al. 2019），以及我国高校英语授课课程的推广和发展（Botha 2016，Lee 2019）。

学生来华留学的内在动机，首先是寻求学习机会和学术挑战性，其次是对我国经济繁荣的预期，以及对留学性价比与录取可能性的考虑。（Wu et al. 2019）例如，相比本国高昂的医学教育费用，我国医学教育的高性价比吸引了印度普通家庭学生来华学习。（Yang 2018）

（2）在华学习经历研究

对来华留学生学习经历的研究，一般是从课堂学习、课外学术指导、汉语学习、学习经历对职业发展的影响等方面展开讨论的。

关于课堂学习。我国留学生课程一般采用汉语或英语为授课语言。研究指出来华留学生汉语水平普遍不高，参与汉语授课课程学习可能面临重重挑战。（Botha 2016）Wang 和 Curdt-Christiansen（2016）通过政策分析、师生访谈、课堂观察，揭示了国家、高校、留学生个人三方面因素导致的汉语课程实施困难，汉语课程承载的语言文化传播目标也很难实现。最近也有研究表明，新冠疫情期间，在我国高校就读的南亚、东南亚学生积极调动多语种资源，增强应急沟通和建立共享社区，研究提醒我们以英语作为留学生的授课语言，无法满足不同背景留学生的需求。（Li et al. 2020）

英语授课课程在来华留学生教育体系中占据了非常重要的地位，对英语授课课堂的研究主要从授课方式、学生投入及其影响因素等角度展开。首先，针对英语授课课程的课堂研究发现，留学生普遍认同我国传统教育观，如努力学习、尊敬老师等。（Wang and Lin 2019）研究也表明美国的来华留学生青睐互动式教学，而亚洲学生更偏爱教师授课。（He and Chiang 2016）另外，在互联网和通讯技术飞速发展的今天，在线教学已经成为一种常见的教学模式。研究表明，在华接受高等教育的成年女性留学生可能面对学生身份和家庭角色的冲突，因此对线上课程持有更积极的态度，认为在线学习是线下课程有效的替代方式。（Kibelloh and Bao 2014）其次，留学生的学习态度、知识构成、理解能力、动手能力、课堂参与等特征会影响到他们的学习理念，进而影响其课堂交流。Akhtar 等人（2019）结合师生交流与跨文化敏感性模型，提出构建学习者为中心的教学环境概念框架，以促进留学生与我国教师的课堂互动。Tian 等人（2020）的研究指出，留学生学习投入是衡量国际教育质量的重要因素，留学生学习投入整体不足，同辈交流、课程难度、学习自主性、互助学习、启发式教学与校园氛围对留学生学习投入有显著影响。

关于课外学术支持。相关研究主要关注了来华攻读博士学位的留学生，指出课堂外学术支持对博士阶段留学生的学术和社会适应具有重要意义。Fan 等人（2019）开展的实证研究，发现导师支持可以激发博士留学生的公民行为，即生生合作和生生互助，以及创造性行动，辅助国际学生成长为具有创新精神的研究人员。Wang 和 Byram（2019）开展案例分析，指出“同门”这一中国特有的研究生阶段同伴模式，也是留学生获得课外学术支持的重要方式。

关于汉语学习。前期文献中有关留学生汉语学习的研究较多。比如，研究调查了留学生普通话学习经历，指出留学生能动地选择汉语口音表征理想的自我身份。（Diao 2017）另外，来华进行短期实习可以提高留学生的汉语口语与写作水平、提升其跨文化交流能力。（He and Qin 2017）Zhang 和 Li（2016）考察了形态学意识对汉字习得的影响，指出第二外语熟练度越高、形态学意识更强，更有利于汉字的习得，研究也发现相对于高水平学习者，形态学意识对中等水平学习者汉字习得的促进作用更强、更明显。

关于学习经历对职业发展的影响。Darko 等人（2020）的研究发现在华接受职业培训与非洲来华留学毕业生职业技能熟练度、成功求职与工作满意度显著正相关。其他研究也报告了非洲毕业生的在华留学经历提升了其在母国劳动力市场的竞争力。（Haugen 2013，Mulvey 2019）还有研究发现，泰国来华留学生中，学习汉语的毕业生返泰后更容易找到工作，来自经商家庭的毕业生往往选择留在中国，为家族寻找新的商业机会。（Lin and Kingminghae 2017）

（3）在华社会经历及影响因素研究

留学生在华社会经历指学生课堂学习、课外学术交流以外的经历，包括与其他留学生、我国学生、教职工及当地群众的交往等。研究文献主要从跨文化适应程度、跨文化适应压力与影响因素、身份建构等方面展开探讨。

关于跨文化适应。关于来华留学生社会经历的研究，跨文化适应是非常重要的一个方面。An 和 Chiang（2015）应用案例研究方法，从文化共情、思想开放、情绪稳定、社会灵活性和语言能力五个维度考察了留学生在华文化适应情况，指出抵达中国第一年是留学生跨文化适应的关键时期。Peng 和 Wu（2019）通过结构方程模型，分析了留学生跨文化适应的四个主要途径：在中国的沟通能力、在中国的社会交往、基础跨文化转型与高级跨文化转型。Zhu 和 Krever（2017）探讨了留学生多媒体使用与跨文化适应的关系。English 和 Zhang（2020）应用心理适应量表（PAS）与社会文化适应量表（SCA）评估了留学生感知的歧视、应对策略和适应结果，指出留学生采用消除压力源等积极应对策略，可以缓解感知的歧视对心理适应的负面影响。

关于跨文化适应压力。在跨文化学习过程中，留学生往往经历跨文化适应压力。Yu 等（2014）的研究表明，没有充分准备、已婚、有宗教信仰的留学生更可能感知跨文化适应压力，非洲和亚洲来华留学生感知的跨文化适应压力高于其他地区来华留学生。Hashim 和 Yang（2003a）的研究表明留学生感知的跨文化适应压力主要来源于学业学习和人际交往，男性留学生和女性留学生感知的跨文化压力差别细微。Hashim（2003b）也研究了留学生应对压力的策略。

医学领域的相关研究着重分析留学生心理健康及影响因素。Jiang 等人（2018）指出较强的孤独感可能导致智能手机成瘾，呼吁关注留学生智能手机成瘾的预防、干预和治疗。Gu 等人（2020）研究了正念呼吸对留学生抑郁情绪的调节作用。也有学者关注留学生的身体健康。例如，Haq 等人（2018）发现来华留学生的营养状况和营养知识低于中国学生，建议留学生注意营养摄入。Zheng 等人（2020）研究了促进留学生健康素养提高的因素。

关于跨文化适应影响因素。留学生社会适应经历是复杂和高度个性化的，受到许多相互交互的因素的影响。Du（2018）采用行前问卷、汉语水平测试、美国外语教学委员会量表（ACFTL）调查了 5 名美国大学生在中国大学的学习经历，通过对数据进行量化和质化分析，指出即使是来自同一国家的留学生，其跨文化适应也往往因为个人性格、此前跨文化经历、汉语熟练度、留学期望及自我认同的差异而表现出不同的特征。

研究也关注了语言对跨文化社会适应的影响（Lawani et al. 2012，Wen et al. 2014）。Lawani 等人（2012）使用社会调整量表（SAS）和汉语水平量表（CLPS），调查了来自欧、美、非、亚四大洲的 254 名留学生，发现汉语熟练度显著影响留学生跨文化社会适应。Li（2015）对 5 名不同国籍的来华留学研究生开展了长期跟踪质性研究，发现留学生感知的母语权力关系越强，其对我国的归属感越低。

跨文化适应支持也是影响留学生社会经历的重要因素。Wen 等人（2014）通过对 1 674 名来华留学生问卷调查，指出留学生与中国学生、教职工、导师、行政人员的互动促进其社会文化适应。在线社交也可能积极影响留学生心理和社会文化适应；与男性相比，在线社交对女性留学生心理适应的影响更为显著。（Wang et al. 2015）

关于身份建构。留学生跨文化经历往往伴随个体文化身份重塑，引起许多研究者的关注。例如，Tian 和 Lowe（2014）的多案例质性研究探讨了八位美国交换生的跨文化经历及跨文化认同，研究显示在中国的教育经历有助于留学生克服对中国社会与文化的偏见和刻板认知，发展新的跨文化技巧和能力，形成更开放的跨文化认同。Ho（2017）探讨了在华的非洲学生如何通过将自己描绘成“西方”饮食的爱好者，塑造出文明发展程度更高的文化身份。Teng 和 Bui（2018）研究了在华泰国学生在其想象社区和实践社区中建构复杂身份的过程。Lee（2020）研究了来华西方学生社交媒体文字、图片和视频，分析了留学生以社交网络平台为媒介的身份建构。

五、结论

本文系统梳理了 SSCI 期刊发表的来华留学生文献，分析了来华留学生研究的现状与特点、主题及代表性发现。基于文献研究，就提升来华留学生教育教学实践与管理，我们提出如下建议：第一，国家、地方政府和高校可以进一步完善招生与奖学金政策，以吸引留学生来华学习；第二，在教育教学层面，高校应鼓励管理者与教师积极提升英语语言与跨文化交流能力、推动教师创新教学方法，开展包括线上在内的多种形式师生互动、鼓励生生交流、培养留学生自主学习能力、提高留学生有效学习投入；第三，我国高校还应加强校园氛围建设，在改进硬件环境的同时，关注留学生跨文化学习困难与挑战，提供学术、情感支持和心理咨询，辅助留学生跨文化适应。

尽管来华留学生人数不断增加，针对留学生的研究还不充分，高水平研究还远远不够。现有研究探讨了近年来来华留学生教育取得的成绩和存在的问题，但宏观层面展开的如留学生跨国流动趋势、我国高等教育国际化发展与政策制定等主题的相关研究较少。中观层面的研究，如对我国高校留学生教育教学政策制定与行政管理等方面的讨论还很欠缺。微观层面已经探讨了留学生学习经历、社会经历与身份构建，但研究主题较少涉及留学生来华前经历对来华留学的影响、毕业后就业情况、留华意向等；微观层面研究对象也可更加细化，如讨论生源国、民族、性别、家庭、学校与学科背景是否及如何影响留学生对来华留学经历的解读；此外，微观研究多从学生视角出发，对教师、留学生管理人员感知的留学生教育实践讨论不足。

参考文献

1 Akhtar, Nadeem, Cornelius B. Pratt, and Ying Hu. "Sustainability of the Belt and Road Initiative: An Integrated, Conceptual Framework for Instructional Communication in China's Universities." *SUSTAINABILITY* 11.23 (2019). doi: 10.3390/su11236789.

2 An, Ran, and Shiao-Yun Chiang. "International students' culture learning and cultural adaptation in China." *JOURNAL OF MULTILINGUAL AND MULTICULTURAL DEVELOPMENT* 36.7 (2015): 661-676.

3 Botha, Werner. "English and international students in China today: A sociolinguistic study of English-medium degree programs at a major Chinese university." *ENGLISH TODAY* 32.1 (2016): 41-47.

4 Chan, Wing-kit, and Xuan Wu. "Promoting Governance Model Through International Higher Education: Examining International Student Mobility in China between 2003 and 2016." *HIGHER EDUCATION POLICY* 33.3 (2020): 511-530.

5 Chen, Yue, and Zhouzhou Zhang. "Relationship between Internationalization of Higher Education and the Further Study Trend of Overseas Student." *EDUCATIONAL SCIENCES-THEORY & PRACTICE* 18.6 (2018): 3346-3353.

6 Cheng, J. *History study of foreign student education in China. Shanghai.* Shanghai: Tongji University Press, 2012.

7 Darko, Dennis Fiifi, Zheng He, and Evans Asante Boadi. "African international students' career and job satisfaction: The case of China." *JOURNAL OF PSYCHOLOGY IN AFRICA* 30.4 (2020): 315-322.

8 Diao, Wenhao. "Between the standard and non-standard: Accent and identity among transnational Mandarin speakers studying abroad in China." *SYSTEM* 71 (2017): 87-101.

9 Ding, Xiaojiong. "Exploring the Experiences of International Students in China." *JOURNAL OF STUDIES IN INTERNATIONAL EDUCATION* 20.4 (2016): 3319-338.

10 Du, Hang. "The Complexity of Study Abroad: Stories from Ethnic Minority American Students in China." *ANNUAL REVIEW OF APPLIED LINGUISTICS* 38 (2018): 122-139.

11 English, Alexander S., and Rui Zhang. "Coping with perceived discrimination: A longitudinal study of sojourners in China." *CURRENT PSYCHOLOGY* 39.3 (2020): 854-869.

12 Fan, Luo, Monowar Mahmood, and Md. Aftab. Uddin. "Supportive Chinese supervisor, innovative international students: a social exchange theory perspective." *ASIA PACIFIC EDUCATION REVIEW* 20.1 (2019): 101-115.

13 Gu, Simeng, Yawen Li, and Fei Liang. "The Mediating Effects of Coping Style on the Effects of Breath Count Mindfulness Training on Depressive Symptoms among International Students in China." *NEURAL PLASTICITY* 1 (2020): 1-8.

14 Ha, Wei, Kelun Lu, and Bradley Wo. "Do Chinese Government Foreign Student Scholarships Target Natural Resources in Africa?" *HIGHER EDUCATION POLICY* 33.3 (2020): 479-509.

15 Haq, Ijaz ul, Zahula Mariyam, and Min Li. "A Comparative Study of Nutritional Status, Knowledge Attitude and Practices (KAP) and Dietary Intake between International and Chinese Students in Nanjing, China." *INTERNATIONAL JOURNAL OF ENVIRONMENTAL RESEARCH AND PUBLIC HEALTH* 15.9 (2018). doi: 10.3390/ijerph15091910.

16 Hashim, IH, and ZL Yang. "Cultural and gender differences in perceiving stressors: a cross-cultural investigation of African and Western students in Chinese colleges." *STRESS AND HEALTH* 19.4 (2003a): 217-225.

17 Hashim, IH. "Cultural and gender differences in perceptions of stressors and coping skills — A study Western and African college students in China." *SCHOOL PSYCHOLOGY INTERNATIONAL* 24.2 (2003b): 182-203.

18 Haugen, Heidi Østbø. "China's recruitment of African university students: policy efficacy and unintended outcomes." *Globalisation, Societies and Education* 11.3 (2013): 315-334.

19 He, Ji Jun, and Shiao Yun Chiang. "Challenges to English-medium instruction (EMI) for international

students in China: A learners' perspective: English-medium education aims to accommodate international students into Chinese universities, but how well is it working?" *ENGLISH TODAY* 32.4 (2016): 63-67.

20 He, Yunjuan, and Xizhen Qin. "Students' Perceptions of an Internship Experience in China: A Pilot Study." *FOREIGN LANGUAGE ANNALS* 50.1 (2017): 57-70.

21 Ho, Elaine Lynn-Ee. "African student migrants in China: negotiating the global geographies of power through gastronomic practices and culture." *FOOD CULTURE & SOCIETY* 21.1 (2018): 9-24.

22 Jiang, Qiaolei, Yan Li, and Volha Shypenka. "Loneliness, Individualism, and Smartphone Addiction Among International Students in China." *CYBERPSYCHOLOGY BEHAVIOR AND SOCIAL NETWORKING* 21.11 (2018): 711-718.

23 Jing, Xiaoli, Ratna Ghosh, Zhaohui Sun and Qiang Liu. "Mappping global research related to international students: a scientometric review." *Higher Education* 80 (2020): 415-433.

24 Kibelloh, Mboni, and Yukun Bao. "Perceptions of international female students toward E-learning in resolving high education and family role strain." *JOURNAL OF EDUCATIONAL COMPUTING RESEARCH* 50.4 (2014): 467-487.

25 Lawani, Ajibike Omolola, Xiaosong Gai and Ayotunde Titilayo. "The Effects of Continental Background, Language Proficiency and Length of Stay on Social Adjustment Experience of International Students in Northern China." *REVISTA DE CERCETARE SI INTERVENTIE SOCIALA* 37 (2012): 91-106.

26 Lee, Claire Seungeun. "Global linguistic capital, global cultural capital: International student migrants in China's two-track international education market." *INTERNATIONAL JOURNAL OF EDUCATIONAL DEVELOPMENT* 67 (2019): 94-102.

27 Lee, Kris Hyesoo. "'I Post, therefore I Become cosmopolitan': The materiality of online representations of study abroad in China." *POPULATION SPACE AND PLACE* 26.3 (2020). doi: 10.1002/psp.2297.

28 Li, Jia, Xie Ping, Ai Bin, and Li Lisheng. "Multilingual communication experiences of international students during the COVID-19 Pandemic." *Multilingua* 39.5 (2020): 529.

29 Li, Xuemei. "International Students in China: Cross-Cultural Interaction, Integration, and Identity Construction." *JOURNAL OF LANGUAGE IDENTITY AND EDUCATION* 14.4 (2015): 237-254.

30 Lin, Yi, and Worapinya Kingminghae. "Factors that influence stay intention of Thai international students following completion of degrees in China." *ASIA PACIFIC EDUCATION REVIEW* 18.1 (2017): 13-22.

31 Lin, Ling, Zhengwei Huang, and Bestoon Othman. "Let's make it better: An updated model interpreting international student satisfaction in China based on PLS-SEM approach." *PLOS ONE* 15.7 (2020). doi: 10.1371/journal.pone.0233546.

32 Liu, Wei, and Zenghua Liu. "International student management in China: growing pains and system transitions." *HIGHER EDUCATION RESEARCH & DEVELOPMENT* 8 (2020). doi: 10.1080/07294360.2020.1792848.

33 Ma, Jiani. "Why and how international students choose Mainland China as a higher education study abroad destination." *HIGHER EDUCATION* 74.4 (2017): 563-579.

34 Ma, Jiani, and Kai Zhao. "International student education in China: characteristics, challenges, and future trends." *HIGHER EDUCATION* 76.4 (2018): 735-751.

35 Mulvey, Benjamin. "International Higher Education and Public Diplomacy: A Case Study of Ugandan Graduates from Chinese Universities." *HIGHER EDUCATION POLICY* 33.3 (2020): 459-477.

36 Mulvey, Benjamin. "Conceptualizing the discourse of student mobility between 'periphery' and 'semi-periphery': the case of Africa and China." *HIGHER EDUCATION* 81 (2021): 437-451.

37 Peng, RenZhong, and WeiPing Wu. "Measuring communication patterns and intercultural transformation of international students in cross-cultural adaptation." *INTERNATIONAL JOURNAL OF INTERCULTURAL RELATIONS* 70 (2019): 78-88.

38 Qi, Yue, Deng Di, and Tabouguia Kamgaing Christian. "Cross-cultural adaptation issues and strategies for Cameroonian students in China." *JOURNAL OF AFRICAN MEDIA STUDIES* 11.3 (2019): 395-414.

39 Rashid, Latief, and Lefen Lin. "Analysis of Chinese Government Scholarship for International Students Using Analytical Hierarchy Process (AHP)." *SUSTAINABILITY* 10.7 (2018). doi: 10.3390/su10072112.

40 Ren, Wei. "Pragmatic development of Chinese during study abroad: A cross-sectional study of learner requests." *JOURNAL OF PRAGMATICS* 146 (2019): 137-149.

41 Teng, Mark Feng, and Gavin Bui. "Thai university students studying in China: Identity, imagined communities, and communities of practice." *APPLIED LINGUISTICS REVIEW* 11.2 (2020): 341-368.

42 Tian, Lin, and Nian Cai Liu. "Inward international students in China and their contributions to global common goods." *HIGHER EDUCATION* 81 (2020): 197-217.

43 Tian, Mei, and John Anthony Lowe. "Intercultural Identity and Intercultural Experiences of American Students in China." *JOURNAL OF STUDIES IN INTERNATIONAL EDUCATION* 18.3 (2014): 281-297.

44 Tian, Mei, Genshu Lu, and Hongbiao Yin. "Student Engagement for Sustainability of Chinese International Education: The Case of International Undergraduate Students in China." *SUSTAINABILITY* 12.17 (2020). doi: 10.3390/su12176831.

45 Wang, Jian, Jian-Zhong Hong, and Zhong-Ling Pi. "Cross-Cultural Adaptation: the Impact of Online Social Support and the Role of Gender." *SOCIAL BEHAVIOR AND PERSONALITY* 43.1 (2015): 111-121.

46 Wang, Junju, and Jia Lin. "Traditional Chinese Views on Education as Perceived by International Students in China: International Student Attitudes and Understandings." *JOURNAL OF STUDIES IN INTERNATIONAL EDUCATION* 23.2 (2019): 195-216.

47 Wang, Lihong, and Michael Byram. "International doctoral students' experience of supervision: a case study in a Chinese university." *CAMBRIDGE JOURNAL OF EDUCATION* 49.3 (2019): 255-274.

48 Wang, Songlin, and Zhen Tang. "Research on the Educational Structure of International Students from the Host Country of China's Overseas Engineering Projects." *EDUCATIONAL SCIENCES-THEORY & PRACTICE* 18.5 (2018): 2134-2142.

49 Wang, Weihong, and Xiao Lan Curdt-Christiansen. "Teaching Chinese to International Students in China: Political Rhetoric and Ground Realities." *ASIA-PACIFIC EDUCATION RESEARCHER* 25.5 (2016): 723-734.

50 Wei, Hao, Ran Yuan, and Laixun Zhao. "Cultural Factors and Study Destinations of International Students." *CHINA & WORLD ECONOMY* 27.6 (2019): 26-49.

51 Wen, Wen, Die Hu, and Jie Hao. "International students' experiences in China: Does the planned reverse mobility work?" *INTERNATIONAL JOURNAL OF EDUCATIONAL DEVELOPMENT* 61 (2018): 204-212.

52 Wen, Wen, and Die Hu. "The Emergence of a Regional Education Hub: Rationales of International Students' Choice of China as the Study Destination." *JOURNAL OF STUDIES IN INTERNATIONAL EDUCATION* 23.3 (2019): 303-325.

53 Wen, Wen, Yan Luo, and Die Hu. "Bridging the Gap between Western and Chinese Evidence in the International Education Market." *CHINA & WORLD ECONOMY* 22.6 (2014): 87-102.

54 Wu, Hantian. "China's international student recruitment as 'outward-oriented' higher education internationalisation: an exploratory empirical inquiry." *COMPARE-A JOURNAL OF COMPARATIVE AND INTERNATIONAL EDUCATION* 49.4 (2019): 619-634.

55 Wu, Mao Ying, Junqing Zhai, and Geoffrey Wall. "Understanding international students' motivations to pursue higher education in mainland China." *EDUCATIONAL REVIEW* (2019). doi: 10.1080/00131911.2019.1662772.

56 Yang, Peidong. "Compromise and complicity in international student mobility: the ethnographic case of Indian medical students at a Chinese university." *DISCOURSE-STUDIES IN THE CULTURAL POLITICS OF EDUCATION* 39.5 (2018): 694-708.

57 Yang, Peidong. "China in the global field of international student mobility: an analysis of economic, human and symbolic capitals." *COMPARE: A JOURNAL OF COMPARATIVE AND INTERNATIONAL EDUCATION* (2020). doi: 10.1080/03057925.2020.1764334.

58 Yu, Baohua. "Learning Chinese abroad: the role of language attitudes and motivation in the adaptation of international students in China." *Journal of Multilingual and Multicultural Development* 31.3 (2010): 301-321.

59 Yu, Bin, Xinguang Chen, Shiyue Li, Yang Liu, Angela J. Jacques-Tiura, and Hong Yan. "Acculturative Stress and Influential Factors among International Students in China: A Structural Dynamic Perspective." *PLOS ONE* 9.4 (2014). doi: 10.1371/journal.pone.0096322.

60 Yu, F. *International education in China: 30 years from economic reform and the open-door policy*. Beijing: Beijing Language and Culture University Press, 2009.

61 Zhang, Yanhui, and Ruyu Li. "The role of morphological awareness in the incidental learning of Chinese characters among CSL learners." *Language Awareness* 25.3 (2016): 179-196.

62 Zhu, Runping, and Richard Krever. "Media use and cultural adaptation by foreign students in Chinese universities." *CONTINUUM-JOURNAL OF MEDIA & CULTURAL STUDIES* 31.2 (2017): 307-324.

国际学生教育理念研究近十年回顾

——基于 CNKI（2010—2020 年）的统计

司　甫*

摘要：基于文献计量法和内容分析法，本文对中国知网（CNKI）数据库收录的关于国际学生教育理念研究的相关文献进行统计分析。结果表明：近十年来，该领域的发文量呈动态上升趋势，受国家政策影响，2017 年之后增长明显；国际学生教育理念研究机构主要是高校，但高校之间交流合作较少，载文期刊水平参差不齐；研究热点主要聚集教育理念概况、研究对象、教育理论探索等，并与社会发展和国家政策紧密相连。在分析与梳理的基础上，建议国际学生教育理念研究未来要向基础理论研究、中外研究对比、创新育人内容途径等方面发力。

关键词：国际学生　教育理念研究　研究现状　CNKI

Abstract: Based on bibliometric analysis and content analysis, this study makes a critical analysis on international student education published on CNKI from 2010 to 2020. The result indicates that: (1) The amount of the papers presents a dynamic rise on the whole during the past ten years. Under the influence of government policy, there is a significant increase after 2017. (2) The main study institutes are Chinese universities, but there is little cooperation and contact between these universities and the quality of research papers is not high. (3) Most researches focus on overview of international student education, research subjects and theory exploration. In the future, this paper advises that scholars should pay more attention to theory exploration, comparison between China and Western countries, and the innovation of content and teaching method of international student education.

Key Words: international students in China, rearch on education, current study, CNKI

一、引言

2010 年 9 月，教育部发布《留学中国计划》，提出到 2020 年，在内地高校及中小学校就读的外国留学人员达到 50 万人次的目标。据教育部门统计，2018 年在中国大陆高校学习的国际学生总人数为 49.22 万人，2019 年 50 万人次目标提前完成。为适应新

* 司甫，曲阜师范大学国际教育学院国际学生辅导员。

时期国际学生规模的迅速增长，加强对国际学生的管理和培养，特别是认清做好思想教育工作，已经成为促进国际学生综合素质的全面发展，加快中国教育国际化发展进程，推动中国的国际学生教育健康持续发展，推动中国成为国际学生教育的大国和强国的必然要求。（何正英 2018）本文以 CNKI 学术总库 2010—2020 年关于国际学生思想教育的文献为研究对象，采用文献计量学方法和内容分析法，宏观把握本研究领域的研究热点和趋势，以期客观反映当前研究整体概况并为今后发展提供参考。

二、样本选择

2020 年 8 月 1 日，笔者在 CNKI 学术文献总库高级检索页面下，分别输入主题“留学生”“来华留学生”“国际学生”并含“思想教育”进行文本筛选，共获得从 2010 至 2020 年 7 月近十年间期刊文章 228 篇。通过逐篇查阅，从中剔出“海外留学”“公派留学”“中外合作办学”等一系列与本研究无关文献，得到有效样本 75 篇。由于数据样本偏少，说服力不强，在咨询专家意见之后，决定扩展关键词范围，因国际学生辅导是国际学生思想教育的主力军和直接参与者，所以输入“国际学生辅导员”和“留学生辅导员”进行再次检索，获得文章 129 篇，有效文本 40 篇。两次检索之后共获得目标文本 357 篇，可分析有效样本 115 篇。

三、结果与分析

1. 文献年度走势

对国际学生思想教育研究发文量进行统计分析，能够从数量上反映本研究领域的进展状况，并预测未来的发展趋势。通过统计，得出图 1。

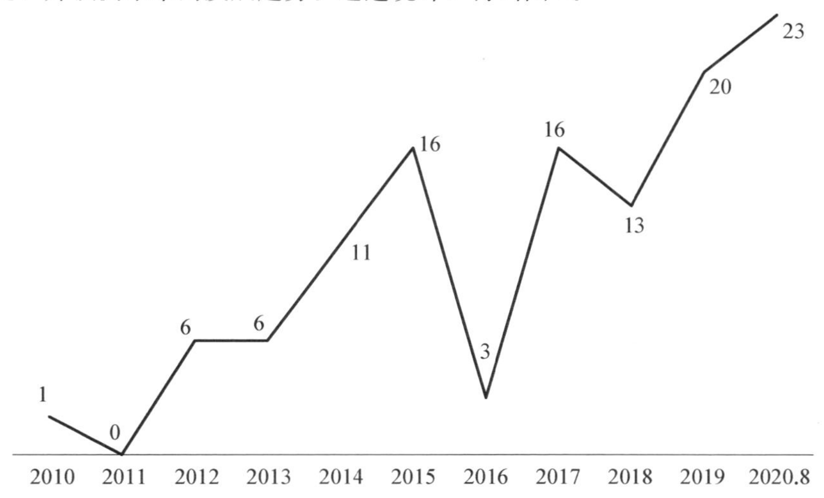

图 1　2010—2020 年 CNKI 收录的有关国际学生思想教育的文献数量

从图 1 中可以看出，在过去 10 年里，有关国际学生思想教育的文献数量呈波浪式增长趋势。2013 年开始，关于国际学生的思想教育研究增长较快。2013 年至 2015 年，期刊发表的文本数量明显增加，年平均增长率近 64%。2016 年，发表数量出现一定回落。2017 至 2020 年，发文数量重新出现明显增长，2020 年仅过去 8 个月，就达到了 23 篇。通过对文献内容的分析，笔者认为国家相关政策的出台是呈现此发展趋势的主要原因。一是 2010 年教育部出台《留学中国计划》文件，明确提出了发展目标、主要任务，是国际学生招收培养的指导性文件，相比前 20 年的国际学生培养有了更加科学的发展规划。伴随着来华留学规模和人数的不断扩大，学界对如何加强国际学生的思想教育研究愈发关注和重视，相关文献也不断涌现。二是 2017 年 3 月教育部等三部委下发的《学校招收和培养国际学生管理办法》，2018 年 10 月教育部印发的《来华留学生高等教育质量规范（试行）》等文件相继出台，对国际学生的招收、管理、培养提出了更加具体，操作性更强的规定，为来华国际学生教育指明了方向，随之文献研究内容更加具体全面，数量也逐年增加。

2. 研究机构分析

通过对发文机构的统计发现，国际学生思想教育研究机构主要是高校，发文量排名前列的高校依次为佳木斯大学（11 篇），扬州大学（6 篇），海南医学院、哈尔滨理工大学（3 篇），华侨大学、南京工业职业学院、昆明医科大学、天津工业大学、浙江大学、重庆邮电大学、广西医科大学（2 篇）。总体来说，国际学生思想教育研究和来华国际学生的专业分布和人数分布存在一定联系，即国际学生较多选择医学类、理工类等专业，同时扬州、南京、天津、杭州等东部地区省市也是来华国际学生主要留学目的省份，人数较多，所以与此类专业相关的高校和所在省份高校的国际学生思想教育研究发展走在了其他高校前列。佳木斯大学王春刚老师团队 2012 年获批教育部人文社会科学研究青年基金项目“来华留学生思想道德教育研究”，可以说在来华国际学生思想教育研究方面做出了重要研究贡献。但值得注意的是，各大高校虽然开展了积极研究，但绝大部分是“单打独斗”，研究机构和研究团队间合作不多。

3. 期刊来源分布

当前国际学生思想教育研究载文量位于前列的期刊依次是《智库时代》8 篇、《教育现代化》7 篇、科教文汇（上旬刊）4 篇、《产业与科技论坛》、《学校党建与思想教育》和《语文学刊》3 篇。将期刊分类，可以发现主要集中在社科类中的高等教育、教育理论与教育管理等专题，尽管《教育现代化》和《产业与科技论坛》属于经济管理科学大类，但相关文献内容仍仅涉及国际学生思想教育的理论探索，并没从跨学科角度开展研究。2010—2020 年近十年间，作者共检索 115 篇相关文献，发表于核心期刊数量 9 篇，具体分布在《江苏高教》1 篇、《教育探索》1 篇、《黑龙江高教研究》2 篇、《思想教育研究》2 篇、《学校党建与思想教育》3 篇，其中高教类期刊侧重于国际学生辅导员的定位和发展、职业素养的培养等，思想教育类期刊更加关注整个来华留学群体的思想教育意义、现状、困境和应对策略。在所有期刊中，核心期刊所占比仅为7%，这也反映了当前尽管越来越多的学者涉足该领域，但相关研究还较为浅显，文献含金量有待提高。

4. 研究热点统计

2011年严明的“我国民族学研究的关键词统计与分析——基于2000—2008年CSSCI数据”一文指出，关键词通常是从题名、层次标题和正文中选出的、能表达文献主题概念和基本学术思想的自然语言词汇，是反映论文的研究目的和研究结果的一种重要的可视化表现形式。通过对大量学术论文的关键词集合进行统计，可以揭示研究成果的总体特征、研究内容的内在联系和研究发展趋势。（严明 2011）本文利用CNKI自带的关键词共现网络功能，通过关键词对文章进行深层次的内容分析。共现网络的关键在于出现频次的确定，随着频次的增加，关键词出现的数量越少，为了最大化对文章进行全面的分析，本文将出现频次设置为2，得出关键词90个，形成表1。

表1　关键词分布一览表

关键词	频次	关键词	频次	关键词	频次
来华留学生	66	文化适应	9	外事工作	4
学生辅导员	41	辅导员岗位	8	思想道德教育	4
留学生管理	39	教育方式	7	新时代	4
思想政治教育	38	教育内容	7	校园文化	4
思想教育	33	思政教育	7	教育方法	4
留学生群体	33	专职辅导员	7	辅导员管理	4
留学生教育	29	思想道德	6	跨文化教育	4
国际学生	26	趋同管理	6	校园活动	4
外国留学生	18	辅导员专业化	6	队伍建设	4
来华留学	16	高等教育	5	国际化建设	4
中国学生	15	法制教育	5	外国学生	4
教育管理	13	教育国际化	5	校园活动	3
道德教育	11	中华优秀传统	5	校园气氛	3
留学生数量	11	教育对象	4	德育	3
学生思想教育	9	道德行为	4	教育队伍	3
留学生规模	9	教育目标	4	教育过程	3

（续表 1）

关　键　词	频次	关　键　词	频次	关　键　词	频次
来华留学生教育	3	人文关怀	3	国际交流	2
人文关怀	3	国际学生辅导员	3	教育现状分析	2
纪律意识	3	思想教育观念	2	培养路径	2
爱国主义教育	3	文化学习	2	来华医学留学生	2
学习过程	3	政治经济制度	2	能力标准	2
中国故事	3	教育理念	2	职业化发展	2
思想教育工作	3	跨文化管理	2	教育管理模式	2
管理队伍建设	3	政治教育学科	2	留学生辅导员	2
留学教育	3	汉语	2	学生管理	2
角色定位	3	中国文化	2	教育发展	2
心理健康	3	教育体系	2	医学专业	2
医学留学生	3	宗教信仰	2	政治素养	2
职业能力	3	学习态度	2	辅导员队伍	2
日常事务管理	3	道德素质教育	2	国际教育	2

根据表 2，关键词出现频次超过 10 的分别是：来华留学生 66 次、学生辅导员 41 次、留学生管理 39 次、思想政治教育 38 次、思想教育 33 次、留学生群体 33 次、留学生教育 29 次、国际学生 26 次、外国留学生 18 次、来华留学 16 次、中国学生 15 次。为方便研究，作者将 43 个频次出现大于 2 的关键词进行分类整合，得出表 2。

表 2　关键词组分布一览表

关键词组	关 键 词	频次	总计	关键词组	关 键 词	频次	总计
思想教育概况	思想政治教育	38	118	思想教育概况	思想教育工作	3	118
	思想教育	33			道德素质教育	2	
	道德教育	11			思想教育观念	2	
	学生思想教育	9		思想教育途径	留学生管理	39	183
	思政教育	7			留学生教育	29	
	思想道德	6			中国学生	15	
	思想道德教育	4			文化适应	9	
	德育	3			趋同管理	6	

（续表 2）

关键词组	关 键 词	频次	总计	关键词组	关 键 词	频次	总计
思想教育途径	中国学生	6	183	教育者	学生辅导员	41	102
	中华优秀传统	5			辅导员岗位	8	
	法制教育	5			来华留学	7	
	跨文化教育	4			专职辅导员	7	
	新时代	4			辅导员专业化	6	
	外事工作	4			辅导员管理	4	
	校园文化	4			队伍建设	4	
	留学教育	3			教育队伍	3	
	心理健康	3			管理队伍建设	3	
	爱国主义教育	3			国际学生辅导员	3	
	人文关怀	3			角色定位	3	
	校园活动	3			职业能力	3	
	校园气氛	3			能力标准	2	
	学习过程	3			职业化发展	2	
	中国故事	3			留学生辅导员	2	
	纪律意识	3			辅导员队伍	2	
	日常事务管理	3			政治素养	2	
	来华留学生教育	3		受教育者	来华留学生	66	200
	文化学习	2			留学生群体	33	
	政治经济制度	2			国际学生	26	
	跨文化管理	2			外国留学生	18	
	汉语	2			来华留学	16	
	中国文化	2			留学生数量	11	
	宗教信仰	2			国际学生	10	
	学习态度	2			留学生规模	9	
	培养路径	2			外国学生	4	
	教育管理模式	2			医学留学生	3	
	学生管理	2			来华医学留学生	2	

（续表 2）

关键词组	关 键 词	频次	总计	关键词组	关 键 词	频次	总计
受教育者	医学专业	2	200	思想教育理论探索	教育方法	4	74
思想教育理论探索	教育管理	13	74		教育过程	3	
	教育内容	7			国际交流	2	
	教育方式	7			国际教育	2	
	高等教育	5			政治教育学科	2	
	教育国际化	5			教育理念	2	
	国际化建设	4			教育体系	2	
	道德行为	4			教育现状分析	2	
	教育目标	4			教育发展	2	
	教育对象	4					

由此可见，国际学生思想教育研究热点主要为思想教育概况、思想教育理论探索、教育者、受教育者、思想教育途径等方面。从研究内容上看，思想教育概况主要涉及国际学生思想教育的现状和现实意义的分析，以及内涵的界定，但目前学界关于国际学生思想教育的研究还存在名称界定杂乱不一的现象。例如，思想教育、思想政治教育、思想道德教育等名称都包含对国际学生进行思想引导教育的含义，各家学者结合自身理解采用不同命名，易造成文献阅读混淆。这一问题在 2014 年李慧琳和张营广的文章“趋同管理背景下高校来华留学生思想教育问题探析”中也曾涉及，希望上级教育部门可以出台文件统一相关基本概念。教育者方面，主要是探索留管队伍的建设，特别是国际学生辅导员的角色定位、职业发展、作用发挥等内容。受教育者方面，多数研究涉及对国际学生数量、规模、增速的介绍，医学作为国际学生主要选择专业，人数多，受到了学界的重点关注，这也从侧面证明了医科类大学是来华国际学生思想教育主要研究机构。值得注意的是，在 2017 年教育部等三部委下发的《学校招收和培养国际学生管理办法》中，首次使用“国际学生”代替“留学生”，但是笔者发现这两种说法依然大量共存，笔者认为研究者应统一使用“国际学生”这一定义，既符合国家教育政策规定又符合“提质增效、趋同化管理”的来华留学大趋势。思想教育理论探索主要研究国际学生思想教育的理论依据分析、思想教育体系建设和质量保障体制建设。同时，多数文章也提出国际学生思想教育是教育国际化，特别是高等教育国际化的一个重要体现，无论是研究者还是留管人员一定要有国际化视野和国际交流能力。思想教育途径研究主要涉及对来华国际学生进行思想教育的方法和措施。根据统计可以看出，“趋同化管理”和“跨文化教育和管理”是留管干部一直遵循的基本原则。具体的引导途径大致分为两类，一方面充分利用中国传统文化、校园活动对国际学生加

强思想引导，另一方面注重关心关爱国际学生的心理健康、日常生活等。

5. 关键词演进历程分析

借助 CNKI 的关键词共现网络中的年份分析功能，可以窥探国际学生思想教育研究的动态演进历程，准确把握不同时段内该领域的研究侧重点。（平凡、陈姣 2020）通过文献梳理发现，2010 年至 2017 年，关于国际学生思想教育的研究热点集中在对国际学生思想教育的必要性、存在的问题、途径策略、具体内容、国际学生辅导员角色定位和工作内容的界定等方面。2017 年后，特别是党的十九大召开以来，随着 42 号令等相关政策的出台、新媒体技术的应用，国际学生思想教育研究热点集中在跨学科合作研究，国际学生辅导员职业化专业化建设，新媒体、新时代背景下国际学生思想教育发展等方面。从关键词演进历程分析可以看出，国际学生思想教育研究与社会发展和国家政策紧密相连，与时俱进。

四、 研究展望

近十年来，我国国际学生思想教育研究虽取得巨大进步，但也存在不足之处，要推动该领域研究继续发展，更好地服务于国际学生教育培养和我国教育强国建设，未来需要从以下几个方面努力。

1. 深化国际学生思想教育的基础理论研究

关键词共现表明，当前国际学生思想教育研究大多集中在对必要性、问题现状、策略途径等宏观方面，内容千篇一律，而改变这一现象的最基本途径就是加强该领域的基础理论研究。但目前关于国际学生思想教育基础理论研究匮乏，只有少数学者涉及。因此，国际学生思想教育研究未来必须要朝着明确思想教育、国际学生、趋同化管理等基本概念、范畴类目，厘清国际学生思想教育的历史渊源、发展脉络、基本走向，注重该领域跨学科研究、重大现实问题研究、方法论研究等方向努力，着实推进国际学生思想教育基础理论研究的深度发展。

2. 重视国际学生思想教育和管理培养的中外对比

在全球化背景下，我国高校要借鉴西方高校针对国际学生教育工作的经验教训，不断完善来华国际学生思想教育体系与管理机制。（王学风 2009）但当前我国针对中西方关于国际学生思想教育或管理培养的对比研究相对缺乏。研究者应积极分析比较中外高校在国际学生思想教育方式的异同和特点，借鉴国外高校在国际学生教育教学、心理建设、文体活动、社团组织、危机事件处理等方面的经验和管理方式。

3. 创新新时代下国际学生思想教育的育人功能

国际学生思想教育研究主要落脚点在提高国际学生综合素质，增强“爱华友华”

情怀，要结合时代发展，加强国际学生思想教育的内容创新研究、载体创新研究。首先，笔者认为，国际学生教育者要对思想教育中各项育人思想进行现代意义的挖掘和阐释。其次，要积极探索如何丰富教学手段并与思想教育相结合，在有序指导下潜移默化地完成国际学生思想教育目标。

参考文献

1 何正英："趋同管理背景下来华留学生思想教育工作问题及对策"，《学校党建与思想教育》，2018 年第 14 期，第 78—79 页，第 82 页。

2 李慧琳、张营广："趋同管理背景下高校来华留学生思想教育问题探析"，《思想教育研究》，2014 年第 11 期，第 98—100 页。

3 平凡、陈姣："中华优秀传统文化研究的热点透析——基于 CNKI 中 CSSCI 期刊的文献计量分析"，《学校党建与思想教育》，2020 年第 2 期，第 74—76 页。

4 王学风："中外大学生思想政治教育体制比较及启示"，《思想理论教育》，2009 年第 13 期，第 25—30 页。

5 严明："我国民族学研究的关键词统计与分析——基于 2000—2008 年 CSSCI 数据"，《西南民族大学学报（人文社会科学版）》总第 32 卷，2011 年第 11 期，第 233—237 页。

2020 年来华留学教育文献回顾*

刘 扬 周 岑**

摘 要：本文检索和梳理了 2020 年来华留学教育的主要文献（CSSCI 和北大核心检索），从"一带一路"沿线国家来华留学教育、不同层次的来华留学教育、来华留学教育的管理、教育质量、国际学生跨文化适应以及宏观发展等六个方面对文献进行了回顾和归纳整理，对文献在质量、方法和主题等方面进行了反思，并对未来的研究提出了展望。

关键字：来华留学教育 来华留学生 文献回顾

Abstract: This paper retrieved and combed the main literature (CSSCI and Peking University Core indexed journals) in 2020 from the six aspects of international student education in China, including students from "the belt and road" countries, students at different levels, education management, education quality, cross-cultural adaptation, and macro development of international student education in China. This paper also reflects on the quality, methods and themes of the literature, and puts forward the prospect of future research.

Key Words: international student education in China, international students in China, literature review

一、文献检索

通过知网（CNKI）数据库进行文献检索，关键词为来华留学教育、来华留学生，检索时间为 2020 年 1—12 月，共检索到文献 325 篇。从期刊方面看，CSSCI 期刊论文 30 篇，北大核心期刊论文 36 篇，其他论文均发表于非核心刊物。从研究的方法上看，实证研究论文 12 篇，其中量化研究论文 8 篇，质性研究论文 4 篇，其他均为非实证研究。从文献主题上看，主要涉及来华留学教育质量、"一带一路"沿线国家来华留学生问题、不同层次的来华留学教育、来华留学教育管理等。

二、文献回顾

虽然通过 CNKI 数据库检索出来的来华留学教育的相关文献不少，但高质量的文

* 本文系北京市社会科学基金项目（18JDJYB008），北京航空航天大学人文社科拔尖人才项目（YWF20BJW214）研究成果。

** 刘扬，博士，北京航空航天大学高等教育研究院副研究员，研究方向为高等教育国际化。
周岑，北京航空航天大学高等教育研究院硕士研究生，研究方向为高等教育国际化。

献并不多，因此本文仅对在核心期刊发表的 34 篇论文按主题进行分类回顾和分析。在这些论文中，关于来华留学教育质量的论文有 9 篇，不同层次来华留学教育论文 9 篇，来华留学教育管理的论文 6 篇，“一带一路”沿线国家来华留学教育论文 5 篇，来华留学教育发展的论文 5 篇，来华留学生跨文化适应的论文 4 篇，其余论文涉及跨境流动、来华留学教育经济、趋同化管理等相关内容。

（一）“一带一路” 沿线国家来华留学教育研究

2013 年，国家主席习近平提出共建“新丝绸之路经济带”和“21 世纪海上丝绸之路”的合作倡议之后，“一带一路”沿线国家的来华留学教育规模在不断发展壮大。过去一年，学者们从现状、规模、分布、层次、发展趋势及困境等方面对沿线国家来华留学展开研究。张国军分析了“一带一路”沿线国家来华留学教育的现状和特点，包括市场前景广阔，规模不断扩大，生源地分布较集中，留学生学习类别、学习层次及专业需求分布不均衡，学生经费来源以自费为主等，并就这些现状和特点提出措施建议。宗晓华和李亭松研究了“一带一路”沿线国家来华留学生分布演变与趋势预测，对 2020—2025 年沿线国家来华留学生的总量及构成进行了趋势预测，认为 2025 年沿线国家来华留学人数将达到 31.28 万人，专科、本科学生将达到 18.65 万人，研究生将达到 12.63 万人。胡瑞、尹河和朱伟静则分析沿线国家来华研究生教育的现状，探究来华研究生教育面临的规模发展不充分、生源区域不协调、奖学金分布不均衡、生源质量不高等发展困境，并就这一系列的发展困境提出了相应的措施。吴霓和杨薇研究了中国和印度两国之间的留学教育发展历程、发展特点和所面临的问题，并根据中印教育的特点提出措施和建议。王婷钰研究中国和阿拉伯国家之间的高等教育合作，研究合作取得的进展与存在的问题，从经济发展水平和安全局势两个维度，将阿拉伯国家分为三种类型进行高等教育合作布局设计。

（二） 不同层次的来华留学教育研究

来华留学教育研究主要包括三个层次：高职教育、本科教育和研究生教育。不同学者针对不同层次的来华留学教育进行了分类研究，旨在更有针对性地发现和解决来华留学教育的问题。方宝研究了高职留学生，他认为海外应用型人才需求的扩增、“教育共建”的战略目标定位以及沿线国家的生源分布优势等因素为高职来华留学教育发展提供了发展机会。但也存在一系列的问题，包括国际化基础薄弱、教育承载力不足、学历互认政策缺位、教育品牌效应缺乏。黄华和陈黔宁主要研究江苏高职院校开展来华留学教育的现状，包括来华留学教育发展迅速、“一带一路”倡议成效突出和国际化办学水平不断提高，并探究高职院校留学生教育所面临的种种问题，最后对江苏高职院校来华留学教育提出展望。周李俐和黄延峰研究跨文化适应角度下的高职院校存在的困境，认为高职院校的来华留学教育面临着人才培养模式缺乏整体性设计等问题，尤其是来华留学生难以融入中国传统文化，并导致部分留学生群体出现跨文化适应的问题，所以要帮助来华留学生了解、认同和支持中国。张海宁从留学院校发展和来华留学生规模发展、课程和师资队伍建设以及管理队伍建设三个方面对全国 28 个省（市、自治区）的 624 所高职院校来华留学教育的发展情况进行调查，发现高职院校涉外办学处于初级阶段，面临着缺乏吸引性、课程不够系统性、优质资源“悬置”，本土化建设薄弱和国际化水平低的问题。彭梨梨等在文献研究和专家访谈的基础上构建了来华临床医学本科留学生教育质量评价指标体系。程伟华和张海滨揭示了新时代来华留学教育发展的培养“知华、友华、爱华”的精英人才的新定位以及向高层次高质量发展、优化研究生教育结构发展和健全质量保障体系的新挑战。刘进通过访谈对来华研究生的质量进行研究，构建了结构-功能-环境三维理论分析框架，认为学业基础薄弱、学业表现不佳和后置学业失败率高都会导致了来华研究生质量不高，提出改变重规模轻质量的招生理念，引导形成与质量提升相匹配的招生结构、功能、环境系统。单凌寒、杨昊鹏、李叶和吴群红同样就来华研究生的质量问题进行研究，通过文献计量分析和社会网络分析法来了解来华留学研究生教育质量评价指标研究的现状，并得出评价来华留学研究生教育质量的前十位的评价指标。苏洋通过深度访谈法对来华留学博士生科研现状进行个案研究，发现存在文献读取速度慢、课题和科研项目参与度较低、学术成果产量低的问题，但对专业学术活动方面持有较高的积极性和参与度，并研究得出文化环境、制度环境和物质环境以及留学博士生个体特征与家庭背景和选拔与准入机制等因素对他们科研现状的影响。

（三） 来华留学教育管理研究

教育管理一直是来华留学教育的热点研究问题，不同学者就来华留学教育管理的不同方面展开研究，包括奖学金的投放、来华留学生辅导员的管理、留学教育服务的升级和留学教育管理困境等，由此来帮助提高来华留学生的质量和促进来华留学教育的发展。刘进研究了奖学金投放对留学生招生质量的影响，认为需要加强奖学金投放与招生质量的管理，通过转变留学生奖学金设置理念、增强质量意识，增强奖学金投放效益意识、构建持奖学金来华留学生招生质量标准和改革奖学金制度来提升来华留学生招生质量。赵彬和刘水云从人才流动的视角来探究来华留学政府奖学金政策，表明想要通过提升中国政府奖学金的资助力度和范围来解决中国面临着人才流失的问题是行不通的，还是要通过学科建设和完善相应的配套政策来吸引更多的人才。张继桥研究了来华留学生辅导员的角色定位与能力构建，认为高校留学生辅导员承载着跨文化交际者、跨文化教育者、跨文化管理者与跨文化研究者的角色，应具备由跨文化交际能力、跨文化教育能力、跨文化管理能力与跨文化研究能力等四个维度构成的跨文化能力。吴文浩和谢志芳探讨了来华留学生辅导员角色定位存在的特殊价值，认为需要通过留学生辅导员来对留学生进行管理指导、引导中外学生融合、培养“知华、爱华”的来华留学生人才。刘宇雷以南京航空航天大学的创新实践为例，就推动来华留学教育服务转型升级的实践路径进行初步探索，他针对当下世界范围内疫情形势依然严峻的现状，认为来华留学服务和管理亟待转型升级，以应对舆论交锋复杂化的形势、教育教学信息化以及服务管理精细化的要求。汤妩艳研究了过去 70 年的来华留学教育发展历程，经历从过去政府干预到走向规则治理的历史转型，而现在还面临着立法和实践背离社会政策功能、高校招生自主权仍未充分彰显，以及粗放发展模式下的制度缺失等现实困境，从而提出在框定政府与高校各自作用的基础上，构建以分权和监督为核心的权责配置制度。

（四） 来华留学教育质量研究

教育质量问题是来华留学教育的重中之重，不同学者针对来华留学预科汉语考试、学生水平和授课教材，来华留学生数学水平，留学教育保障政策，来华留学生质量评价指标，奖学金的发放以及留学生自身情况等多个角度对来华留学教育质量进行研究。潘浩和柴省三从预科汉语考试能力维度来分析来华留学生的汉语水平，研究表明在考试题库建设和测验开发过程中，适当调整专业汉语的题目形式，通过构建更为典型的专业语境，兼顾专业汉语能力和基础汉语能力测量的双重目标，才能更好地检验出不同学科的来华留学生的汉语学习水平。王佶旻和邓安然主要研究来华预科生汉语词汇应该达到的水平，研究结果表明预科生词汇理解能力相对较好，词形运用产出相对较差，拼音产出掌握不太理想，汉字的书写和运用掌握得比拼音好，这对预科考试大纲和教学有一定的启示。杜修平、赵礼娜、李晶和李莉研究了来华留学生的数学素养，结果表明数学水平存在专业差异、国别差异和洲别差异。虽然大部分留学生达到义务教育完成时的水平，但是整体上数学水平偏低，尤其是预科生。刘涛和黄思雨以“学在中国”汉语强化系列教材为例，对其全媒体出版模式予以深度探讨，使该系列教材作为传播中国文化的载体和窗口，能更好地帮助留学生学习中华文化和中文。朱虹通过分析传统留学目的地强国的成功做法和我国来华留学教育存在的问题，探究囊括留学教育政策、教育保障体系和管理服务制度多个方面在内的新的发展路径。张艳臣通过梳理建国 70 年来华留学教育质量保障政策，探讨恢复发展时期、改革开放初期、规范发展时期、全面发展时期四个阶段来华留学教育质量保障政策的内容，从中找出政策工具选用所存在的问题，并提出相应的解决路径。单凌寒、杨昊鹏、李叶和吴群通过文献计量分析和社会网络分析法来了解来华留学研究生教育质量评价指标研究的现状，并得来华留学研究生教育质量的前十位的评价指标，由此可以更综合地衡量来华留学研究生的教育质量。刘进研究奖学金和留学生招生质量的关系，研究表明奖学金对留学生招生质量的影响具有双面性，而留学生求学路径对奖学金又具有依赖性，所以需要通过奖学金制度改革来提升留学生招生质量。刘进研究导致来华研究生质量不高的因素，认为学业基础薄弱、学业表现不佳和后置学业失败率高都会导致来华研究生质量不高，提出需要改变现有的重规模轻质量的招生理念，引导形成与质量提升相匹配的招生系统，从而保障来华留学生的质量。

（五） 来华留学生跨文化适应问题研究

外国学生来到中国学习，在中国教育环境中存在文化不适应的现象，如何帮助留学生适应并融入中国文化是来华留学教育的重要议题。在过去的一年，学者主要从跨文化育人、文化适应、跨文化教育存在的问题以及影响群际融合的因素这四个方面展开了研究。谭旭虎研究了来华留学生跨文化教育，认为留学生目前存在着文化适应和融入情况欠佳、来华留学教育体系缺乏跨文化整体性设计与具体实践指导、更多关注文化而不是跨文化以及跨文化教育意识不足的问题，因此，她围绕着知识、能力、态度和价值三个教育目标提出实施跨文化教育的策略。李娜和刘宝存探究文化间性视域下来华留学文化教育中文化冲突、文化歧视和文化单向输出的问题，并提出要明确文化间性的育人理念、建设国际化校园环境、提高教师文化育人能力、推进中外学生交流互鉴和打造创新文化教学模式和中国文化体验基地的措施。刘志敏、唐佳璐、林泳连和董辉以上海市E大学为个案，对20位留学生在华生活与学习体验进行访谈，发现留学生的文化适应是一种高度情境化的复合型体验，从城市→院校→专业系所逐步降低的总体趋势，同时表现多样化的类别和特征。叶荔辉研究了隐性教育过程中影响群际融合的因素，包括对外群体信息习得不够诱发的认知偏向，焦虑情绪强化来华留学生的“保护性交流”，培养模式不完善弱化的依存关系以及最优条件未设形成的群际融合不足这四个方面，由此提出建构群际融合模型来促进来华留学生在隐性教育中的群际融合。

（六） 来华留学教育宏观发展研究

经过70多年的发展，来华留学教育取得一定的成就，同时也面临一系列的问题。针对来华留学教育的宏观发展，不同学者从相关政策、发展历程、发展问题和未来发展方向等展开研究。金帷和周曼丽探究来华留学教育的起步、建设和发展三个阶段，揭示当前留学教育面临的留学逆差、专业结构不均衡以及经济效益与社会效益不足的巨大挑战，提出要明确留学教育的战略性地位、打造一流学科和高校以及建立合理的评价理念和机制。李小红和彭文秋梳理了1978年到2020年的来华留学教育三次发展浪潮，以及当前来华留学教育事业在培养结构、培养能力、质量保障体系和社会支持方面的问题，并根据存在的问题提出相应的措施。李北群、樊成和祝成林从政策工具视角分析了新中国成立以来国家层面颁布的237项高等教育对外开放政策，探究我国高等教育对外开放政策工具选择存在的问题及其影响，包括强制性、诱因型和自愿性政策工具配置失范，并提出了一系列的优化策略。郭凯琳、赵宝永、高佳佳和郝建鸿研究在来华留学教育工作面临着重大挑战的现实情况下，要推动高校来华留学教育创新发展、提升来华留学教育质量、完善来华留学管理服务体系。徐小洲、阚阅和冯建超提出面向2035年，我国来华留学教育要优化战略布局、完善防范机制、保障数量扩张的同时提高质量，由此全方位和系统化地扩大教育对外开放，谋划新时代教育对外开放体制机制，发展优势学科来建设人类命运共同体，使我国迈向世界高等教育中心。

三、总体评述

总体来看，2020 年国内核心刊物发表的来华留学教育研究相关文献的总量并不少，但是高质量的论文比例还比较小。从研究方法上看，以非实证研究为主，有理论分析框架和调查数据的实证研究（包括量的和质的研究）仍比较缺乏。从主题上看，研究的主题比较集中在来华留学生教育质量和“一带一路”沿线国家的来华留学教育问题。未来的研究应更注重研究的质量，多一些理论和实证的研究和分析，主题也应不断多样化，比如留学生跨文化学习适应问题，专业选择问题，就业问题等等。

参考文献

1 程伟华、张海滨：“新时代来华留学研究生教育发展机遇、挑战与思考”，《研究生教育研究》，2020 年第 2 期，第 27—33 页。

2 单凌寒、杨昊鹏、李叶和吴群红：“来华留学研究生教育质量评价指标研究”，《黑龙江高教研究》，2020 年第 3 期，第 18—22 页。

3 杜修平、赵礼娜、李晶和李莉：“基于 PISA 的来华留学预科生数学素养测评”，《数学教育学报》，2020 年第 4 期，第 68—72 页。

4 方宝：“‘一带一路’背景下高职来华留学生教育：机遇、困境与对策”，《职业技术教育》，2020 年第 22 期，第 13—19 页。

5 郭凯琳、赵宝永、高佳佳和郝建鸿：“新时代来华留学教育创新发展研究——以北京科技大学为例”，《思想教育研究》，2020 年第 9 期，第 156—159 页。

6 胡瑞、尹河和朱伟静：“‘一带一路’沿线国家来华留学研究生教育：现状、困境与策略”，《现代教育管理》，2020 年第 5 期，第 51—57 页。

7 黄华、陈黔宁：“江苏高职院校来华留学生教育现状与展望”，《江苏高教》，2020 年第 2 期，第 120—124 页。

8 金帷、周曼丽：“来华留学教育事业发展趋势与策略选择”，《高教发展与评估》，2020 年第 4 期，第 21—33 页。

9 李北群、樊成和祝成林：“建国 70 年来我国高等教育对外开放政策文本分析——基于政策工具理论视角”，《教育发展研究》，2020 年第 9 期，第 39—46 页。

10 李娜、刘宝存：“文化间性视域下我国高校来华留学文化育人探析”，《黑龙江高教研究》，2020 年第 4 期，第 138—143 页。

11 李小红、彭文秋：“改革开放后来华留学生教育发展的三次浪潮”，《中国教育科学（中英文）》，2020 年第 3 期，第 106—118 页。

12 刘进：“‘一带一路’背景下如何提升来华留学生招生质量——奖学金视角”，《高校教育管理》，2020 年第 1 期，第 29—39 页。

13 刘进：“来华研究生因何质量不高？——基于结构-功能-环境的深度访谈研究”，《学位与研究生教育》，2020 年第 12 期，第 53—60 页。

14 刘涛、黄思雨：“来华留学生预科汉语教材的出版刍议——以‘学在中国’汉语强化系列教材为例”，《出版广角》，2020 年第 19 期，第 52—54 页。

15 刘宇雷：“后疫情时代高校来华留学教育服务转型升级的实践理路——以南京航空航天大学为例”，《思想教育研究》，2020 年第 7 期，第 9—13 页。

16 刘志敏、唐佳璐、林泳连和董辉：“来华留学生的文化适应与高校国际化的现状省思——基于上海市 E 校的个案研究”，《教育学术月刊》，2020 年第 7 期，第 42—51 页。

17 潘浩、柴省三：“来华留学预科汉语考试能力维度探析——基于因素分析和项目反应理论”，《中国考试》，2020 年第 12 期，第 15—22 页。

18 彭梨梨、王羽、陈戈和董志："来华临床医学本科留学生教育质量评价指标体系研究"，《西南师范大学学报（自然科学版）》，2020 年第 7 期，第 156—162 页。

19 苏洋："'一带一路'背景下来华留学博士生科研现状及其影响因素研究"，《高教探索》，2020 年第 2 期，第 83—92 页。

20 谭旭虎："来华留学生跨文化教育中的问题及其对策"，《高等教育研究》，2020 年第 1 期，第 37—43 页。

21 汤妧艳："来华留学生教育治理：困境、模式与出路"，《法学论坛》，2020 年第 1 期，第 126—134 页。

22 王佶旻、邓安然："来华留学预科生汉语词汇知识测评设计"，《中国考试》，2020 年第 12 期，第 23—29 页。

23 王婷钰："'一带一路'背景下深化中阿高等教育合作的战略思考"，《比较教育研究》，2020 年第 7 期，第 20—26 页，第 42 页。

24 吴霓、杨薇："'一带一路'视域下中印留学生教育的发展历程与未来趋势"，《河北师范大学学报（教育科学版）》，2020 年第 3 期，第 74—82 页。

25 吴文浩、谢志芳："教育对外开放进程中国际学生辅导员的角色定位与角色实现"，《黑龙江高教研究》，2020 年第 10 期，第 35—39 页。

26 徐小洲、阚阅和冯建超："面向 2035：我国教育对外开放的战略构想"，《中国高教研究》，2020 年第 2 期，第 49—55 页。

27 叶荔辉："隐性教育中的群际融合路径研究——基于 545 名来华留学生的质性访谈和实证研究"，《思想教育研究》，2020 年第 7 期，第 14—19 页。

28 张国军："'一带一路'沿线国家来华留学生教育现状及市场拓展路径分析"，《当代世界》，2020 年第 1 期，第 74—79 页。

29 张海宁："我国高职院校来华留学教育发展现状及提升策略——基于 624 所高职院校的调研"，《职业技术教育》，2020 年第 32 期，第 13—17 页。

30 张继桥："跨文化教育视角下我国高校国际学生辅导员的角色定位与能力构建"，《黑龙江高教研究》，2020 年第 4 期，第 63—68 页。

31 张艳臣："政策工具视角下来华留学生教育质量保障政策研究"，《高教探索》，2020 年第 9 期，第 107—113 页。

32 赵彬、刘水云："对来华留学政府奖学金政策的审思——基于来华留学研究生的学习经验感知"，《研究生教育研究》，2020 年第 3 期，第 73—80 页。

33 周李俐、黄延峰："跨文化适应视角下高职院校来华留学生教育的困境与突破"，《中国职业技术教育》，2020 年第 19 期，第 83—87 页。

34 朱虹："留学生教育高质量发展路径研究"，《江苏高教》，2020 年第 1 期，第 64—71 页。

35 宗晓华、李亭松："'一带一路'沿线国家来华留学生分布演变与趋势预测"，《高教探索》，2020 年第 4 期，第 91—99 页。

2020 年度中国高等教育学会外国留学生教育管理分会课题项目评审情况

张　斌

学术研究是中国高等教育学会外国留学生教育管理分会日常工作的重要组成部分。自 2012 年以来，学会充分依托各高校专家，就国际学生管理各方面展开了卓有成效的各类研究。在明确“学术立会”的思路下，为进一步推动学会学术研究活动高质量专业性发展，2020 年 1 月 4 日，在北京对外经贸大学召开的学会理事长秘书长联席会议上，与会领导与专家一致同意，成立学会课题管理办公室，组织协调学会设立课题的申报、评审、结题及日常管理工作。

经高教学会总会批准，2020 年度学会课题拟立项 38 项，其中重大课题 2 项，重点课题 6 项，一般课题 30 项。课题管理办公室于 3 月 13 日正式发布申报通知（高留分会 2020－002 号），向所有会员单位开放申报，4 月 15 日—5 月 15 日接受申报材料，受疫情影响，本次申报材料延期至 6 月 15 日。截止申报结束，课题管理办公室共受理正式有效申报书 173 份，总计 79.6 万字。其中重大项目申报者 3 名，重点项目申报者 21 名，一般项目申报者 149 名。申报者涵盖 22 个省、市、自治区各类高校、高职院校。

2020 年度学会课题评审分为通讯评审与会议评审两个阶段。7 月 15 日—30 日，课题管理办公室组织 15 位全国专家对申报书进行通讯评审。8 月 24 日，课题管理办公室组织专家在江苏省镇江市江苏科技大学召开课题评审会议，会议在通讯评审基础上最终确定 2020 年度学会课题立项 35 项，其中重点课题 5 项，一般课题 30 项（见附录）。同期进行了 2014、2016、2018 年度课题项目的结项评审，其中 2014 年度 2 项，2016 年度 21 项、2018 年度 1 项达到结项要求，共 24 项准予结项。

与以往学会课题相比，2020 年度学会课题呈现出以下几个特点：

首先，申报数量明显增多，申报单位类型与层次日趋多样，留管从业人员学术研究的积极性提升明显。从数据上看，2016 年度学会课题申报者 75 人，立项 41 项；2018 年度课题申报者 63 人，立项 52 项；2020 年度课题申报者 173 人，立项 35 项。2020 年度申报人数较前两年度增加明显，而计划立项数量的减少也使得本年度学会项目申报的难度系数随之增大。因此，与会专家提出，应积极推动校际、地方支持，鼓励留管人员利用自身条件展开研究。

其次，研究课题涉及面宽，聚焦提质增效，紧跟疫情发展形势及时调整措施。2020 年度课题指南覆盖 31 个研究方向，囊括留学教育管理体系、国际学生国情教育、国际学生英文授课与课程设置、跨文化适应与留学心理干预、留管队伍建设、国际学生招生入学与预科这六大基本方向，尤其突出本年度新冠疫情给留学教育带来的变化与挑战，推动来华留学教育从“经验式”的分享向“理论式”的研究转变。从研究题目来看，173 份申报书研究范围绝大多数聚焦疫情背景，申报论题集中在大规模突发疫情下来华留学应急教学管理研究、新冠病毒疫情下国际学生流动及来华留学趋势研究、疫情下数字化管理与在线教学研究、疫情下国际学生的心理干预这四大方向，此外也涵盖了国际学生教育管理标准化与评估体系研究、教育管理质量标准及保障体系研究、教育管理现状与发展趋势研究、国际学生本科入学考试和预科教育制度研究、奖助学金评估考核机制与绩效研究、中外学生趋同化管理研究、国际学生汉语和“中国概况”课程设置与教学方法研究、国际学生英语授课专题研究、留管干部队伍建设、培训与绩效考评体系研究；医学专业 MBBS 招生、培养、课程、实习相关研究等等诸多议题。

最后，课题申报管理进一步规范化、制度化。2020 年初设立的学会课题管理办公室专职负责课题申报与评审事宜。为了更加高效有序地组织课题管理工作，课题管理办公室于 2021 年 1 月 15 日参照国家社科基金、教育部人文社科课题的管理办法，修订并发布了《中国高等教育学会外国留学生教育管理分会科研课题管理规定》。该规定明确了学会课题“坚持理论联系实际，积极探索，开拓创新，为来华留学教育改革和发展实践服务，为来华留学教育重大决策服务，为全面推进来华留学教育的繁荣发展服务”的基本原则，针对申报原则、申报程序、评审程序、成果要求、经费管理、结题验收等环节做出进一步的修订与细化，明确课题申报人的责任与要求，规范课题评审与过程管理，为学会课题的有序申报、健康开展、成果保障提供基本的制度支撑。

附录：

中国高等教育学会外国留学生教育管理分会
2020 年度来华留学教育科学研究课题立项表

重点课题（共 5 项）

序号	项目编号	学校	姓名	课题名称
1	CAFSA2020-Z001	上海交通大学	樊　博	大规模突发疫情下来华留学应急教学管理研究
2	CAFSA2020-Z002	吉林大学	李梅花	新时代国际学生辅导员队伍建设研究
3	CAFSA2020-Z003	西安交通大学	田　美	“一带一路”国家来华留学生的语言态度与中国文化认同及其相互关系研究
4	CAFSA2020-Z004	青岛大学	汪运波	国际学生教育管理标准化与评估体系研究
5	CAFSA2020-Z005	鲁东大学	张德强	基于质效驱动的中日韩国际学生政策研究

一般课题（共 30 项）

序号	项目编号	学校	姓名	课题名称
1	CAFSA2020-Y006	大连理工大学	曹林红	“跨文化能力”研究与来华留学生汉语言本科“中国文化”课教学
2	CAFSA2020-Y007	北京化工大学	陈　畅	以提高来华留学生研究生学术素养为目标的高等学术论文写作教育研究
3	CAFSA2020-Y008	沈阳师范大学	崔宁宁	“非学历”国际学生教育管理研究
4	CAFSA2020-Y009	南京大学	丁芳芳	后疫情时代研究型大学国际学生跨文化教育的发展趋势及教学对策研究
5	CAFSA2020-Y010	天津大学	杜修平	《图解国别中高等教育制度》研究
6	CAFSA2020-Y011	天津医科大学	高　川	全球突发疫情下来华留学开展在线教学4.0的探索与实践
7	CAFSA2020-Y012	中国石油大学（华东）	葛长波	趋同化视域下国际学生辅导员队伍建设研究
8	CAFSA2020-Y013	浙江大学	胡晓慧	基于“输入、输出”理论的留学生讲好中国故事能力培养研究
9	CAFSA2020-Y014	北部湾大学	黄福艳	“一带一路”背景下非洲来华留学生文化民族主义表达模式及预警机制研究
10	CAFSA2020-Y015	扬州工业职业技术学院	梁传波	高职院校来华留学生教育服务质量提升对策研究
11	CAFSA2020-Y016	上海大学	裴雨来	汉语国际教育学科再发展基础情况调查及研究
12	CAFSA2020-Y017	山东师范大学	盛　蕾	来华留学生对汉语语言价值的态度研究：现状、影响及对策
13	CAFSA2020-Y018	东北财经大学	史　达	一流专业引领的国际协同平台高端人才培养体系研究
14	CAFSA2020-Y019	郑州大学	宋海燕	来华留学生讲好中国故事的机制与效能研究
15	CAFSA2020-Y020	中央民族大学	田　艳	“国际学生讲好中国故事”理论体系构建
16	CAFSA2020-Y021	沈阳化工大学	佟玉平	基于趋同化理念的来华留学生教育管理探究与实践
17	CAFSA2020-Y022	华南理工大学	王庆年	来华留学生英语授课专题研究——基于粤港澳大湾区高校联盟的视角

（续表）

序号	项目编号	学　校	姓名	课　题　名　称
18	CAFSA2020-Y023	天津大学	王天欣	来华留学生心理健康状况及服务需求研究
19	CAFSA2020-Y024	河海大学	王新瑞	“一带一路”背景下校政企合作培养国际学生模式研究
20	CAFSA2020-Y025	四川农业大学	夏新蓉	关于国际学生教育管理的中外比较研究
21	CAFSA2020-Y026	中国地质大学（武汉）	肖　珊	国际学生专门型人才（地学类）精准培养与汉语教学改革研究
22	CAFSA2020-Y027	中国地质大学（武汉）	许　峰	治理现代化视野下的来华留学教育质量保障体系构建研究
23	CAFSA2020-Y028	东华大学	严新锋	疫情影响下来华留学教育可持续发展研究
24	CAFSA2020-Y029	北京化工大学	于　跃	新时期中国发展道路——国情教育课程设置、教学大纲、教学方法研究
25	CAFSA2020-Y030	四川师范大学	张春兰	后疫情时代国际学生辅导员的职业能力研究
26	CAFSA2020-Y031	安徽医科大学	张　辉	关节外科留学生 BOPPPS 联合假骨 Workshop 的临床教学模式构建与评价研究
27	CAFSA2020-Y032	上海交通大学	张　巍	双文化认同整合视域下国际学生跨文化教育研究
28	CAFSA2020-Y033	上海外国语大学	张艳莉	新时期高校来华留学教育管理改革与探索
29	CAFSA2020-Y034	西安交通大学	赵　炜	基于国际学生视角的高校教育服务质量模型构建与实证研究
30	CAFSA2020-Y035	义乌工商职业技术学院	朱兰珍	“一带一路”沿线国家留学生文化融合研究——以浙江省高校为例

2020 年留学教育管理相关学术会议综述

敖雪岗

2020 年是不平凡的一年，新冠疫情席卷全球，给中国各高校的留学生教学与管理带来极大挑战。受疫情影响，不少院校国际学生数量减少，留学教育面临线上教学、管理、招生等诸多难题。但疫情对留学教育管理的影响有‘危’亦有‘机’，各高校沉着应战，努力创新，举办高质量的研讨会、论坛等，群策群力，探讨留学教育管理面临的问题和应对之策。

由于疫情原因，2020 年全年有关留学教育管理方面的会议数量较往年有较大程度的减少，会议形式也多改为线上线下混合，以线上会议为主。纵观全年各主管部门、各高校举办的与留学教育管理相关的各项会议，会议主题大致有三，一是学习习近平总书记给北京科技大学全体巴基斯坦学生的回信，研究新时期留学工作的大趋势与新方向；二是研讨新形势下的国际学生教学模式，总结线上教学的规律，并对国际学生汉语本科教育、中国概况课的教学等进行讨论；三是讨论新形势下的国际学生管理和服务工作。

一、学习习近平主席重要回信精神

2020 年 5 月 18 日，习近平总书记给北京科技大学全体巴基斯坦留学生回信，随后，全国各高校纷纷召开专题学习会议，结合回信讨论如何推动留学教育管理方面的工作。

5 月 22 日，北京大学国际合作部留学生办公室召开专题会议，传达、学习习近平总书记给北京科技大学全体巴基斯坦留学生重要回信精神。全体人员逐字逐句学习回信全文，一致表示习近平总书记的回信充分体现了党中央对来华留学事业的高度重视和对广大国际学生的亲切关怀，也为未来开创来华留学工作新局面提供了清晰的指导思想和工作方向。作为一线来华留学管理工作人员，大家倍感亲切，深受鼓舞。

西安交通大学国际教育学院举办了相关研讨会，回信在国际学生及国际学生管理队伍中引起了热烈反响，大家一致表示，推动构建人类命运共同体，需要各国青年携手贡献力量。

哈尔滨工业大学国际教育学院召开专题会，带领全院教职工认真学习、领会习近平总书记回信精神。与会教师倍感鼓舞振奋、责任重大、使命光荣，一致认为习近平总书记的回信不仅是对全体国际学生的关心关爱，更是为来华留学工作注入了一剂强心针、指明了风向标。在今后的工作中，我们一定不忘初心、牢记使命，抓好常态化疫情防控，持续提升来华留学教育管理水平，共同讲好中国故事，传播中国好声音。

二、研讨新形势下教学模式

由于疫情的原因，各高校面对国际学生，纷纷采取线上教学的模式，线上教学呈现出势不可挡的趋势。为了更好地开展新形势下的教学工作，各高校纷纷举办各类学术会议，探讨线上教学的规律，总结线上教学的经验，试验开发教学资源，建设线上优质课程。

北京语言大学汉语进修学院先后于6月4日、6月22日、10月23日举办各级汉语水平的线上线下教学模式探索的主题研讨会。与会老师指出，线上教学不只是一种应急措施，从长远来看，线上教学很可能会在今后普及，成为日常教学模式。与会教师结合具体的课型，探讨不同汉语水平线上教学的规律，指出了混合教学的现状与问题，如线上线下不同步现象；线上学生的管理需要加强；如何在线上教学中维持学生的注意力，引导学生的积极情绪，激发学生学习兴趣等等。与会教师总结了线上直播课的互动性特点，并提出了线上课程规范化、标准化的要求。北京语言大学教学督导组专家曹慧将参会老师们提出的问题归纳为“三个意识”，即“网络意识”“学生意识”“课型意识”。

7月8日，中国传媒大学汉语国际教育中心召开“2020年春季学期国际中文在线教学研讨会”。与会教师就课程准备、教学设计、师生互动、生生互动、课堂测验、作业、工具使用等方面展开了热烈的研讨。

8月29—30日，由汉考国际教育科技（北京）有限公司、新加坡科思达孔子课堂主办，华东师范大学国际汉语文化学院联办的“2020年国际汉语教学云端研讨会”在新加坡、北京和上海三地同步在线举行。会议就国际汉语云端教学发展新形式、新方向，以及“新版汉语水平等级标准”的解读等议题，邀请英国理启蒙大学教授张新华、新加坡加拿大国际学校中英双语校长熊华丽、华东师范大学教授叶军、汉考国际李亚男、北京语言大学教授郑艳群等海内外国际汉语教学界学者做了学术报告。

11月29—30日，第三届“互联网+”国际教育应用大会在北京大学举行。大会由北京大学对外汉语教育学院和唐风国际教育集团联合主办，主题为“以线上教学为驱动的国际教育”。来自全国79家单位的160余名代表现场参会，2 000多人次通过“唐风智慧教学”微信平台观看了会议直播。北京大学赵杨教授以“线上教学给国际中文教育带来的机遇与挑战”为题，从知识传播方式的变化入手介绍了慕课的发展现状，分析了线上教学的优、缺点及其对互动方式、师生关系、呈现方式的挑战，并提出了相应的解决方案。北京语言大学汉语国际教育研究院郑艳群教授分享了自己关于“搭建互联网汉语学习空间”的思考，探讨了虚与实、线上与线下之间的关系，将对技术的思考上升到哲学高度。西北师范大学国际文化交流学院院长武和平聚焦线上汉字课程的设计开发，提出线上汉字教学新理念。

在关注线上教学之外，北京大学就中国概况课的教学举办了专门的学术沙龙，北京语言大学也就国际学生汉语本科教育举办了高峰论坛。

10 月 28 日下午，北京大学对外汉语教育学院举办学术沙龙，主题为“中国概况教学研讨”，刘元满教授、赵杨教授等分别做了报告。刘元满教授以“中国概况课程性质及分层构想”为题，指出中国概况教学分层教学的必要性，并提出中国概况分类分级的依据和标准。赵杨教授以“中国概况课程教学内容、原则、方法”为题，介绍了中国概况授课理念，展示了自身授课过程，提出“中国概况”课程教学应以学生需求为导向，以“当代”为原则，着眼当代的“白描法”，反对“宏大叙事”。

11 月 7 日，北京语言大学举办了第二届来华留学生本科教育高峰论坛。与会专家和学者围绕“来华留学生汉语本科教育”这一中心主题进行专题研讨和对话交流。除了线下交流研讨之外，来自中国人民大学、中国政法大学、中国传媒大学、兰州大学等四十余所大学的专家学者齐聚云端，就国际学生汉语本科课程设置、教学理念与方法、教学资源建设、汉语本体与习得研究、线上汉语教学面临的问题与对策五个分议题展开了深入探讨。大家各抒己见，进行了很好的交流。高峰论坛的成功举办对于进一步促进高校国际学生本科教育工作的开展，切实提高国际学生本科人才培养质量，加快完善国际学生本科教育培养机制和服务机制具有重要意义。

三、 新形势下国际学生管理和服务工作

新形势下，国际学生管理和服务也出现了前所未有的新情况。这引起了各主管部门、各高校的重视，召开各类会议进行研讨，议题涉及国际学生辅导员、国际学生就业、交换生的管理等。

1 月 11 日，为增强高校国际学生管理工作，丰富管理人员经验，交流工作心得，中国高等教育学会外国留学生教育管理分会吉林学会组织召开高校“新时代国际学生辅导员的初心与使命”工作研讨会。来自全国 61 所高校的 133 名工作在来华留学教育一线的院领导、国际学生辅导员和管理人员参会。本次会议由吉林学会主办，吉林大学国际教育学院承办。参会代表分别就“来华留学教育内涵式发展与国际学生辅导员的时代使命”“国际学生辅导员的岗位职责、考核标准与评估体系建设”“国际学生辅导员与通识教育工作”“突发事件应急处理与国际学生辅导员的作用”四个议题进行发言，从国家的政策方针、来华留学教育事业总目标、来华留学教育趋势、国际学生辅导员队伍的重要性和必要性、各高校国际学生辅导员配比及工作职责、考核体系、突发事件处理等方面对相关政策进行解读，并结合来华留学管理工作的实际情况进行经验交流与分享。

5 月 4 日，北京大学国际合作部在线上举行“留学生就业政策经验交流分享会”。疫情打乱了许多留学毕业生的求职规划，北京大学邀请教育部留学服务中心来华留学事务处项目主管贾经华和北大师生围绕在华就业的政策和经验等进行了在线分享。贾经华老师从国际学生概况、国际学生的留华意愿及人才需求、国际学生实习就业政策依据、国际学生创业政策分析以及如何在中国求职五个方面详细解读了来华就业创业的相关政策，重点介绍了在华实习与就业的法律法规、政策依据、中国的一些人才引

进计划、专业成就认定标准等。

11 月 7 日，由中国高等教育学会外国留学生教育管理分会主办，扬州大学承办的“变革与创新：疫情之下来华留学工作”学术研讨会顺利举行。中国高等教育学会外国留学生教育管理分会理事长刘京辉，秘书长李建民、监事长翁敬农、副理事长程爱民、副秘书长王倩、扬州大学副校长刘巧泉等出席会议。来自全国 160 多所高校的 240 名线下代表和 600 余名线上代表参加了研讨会。刘京辉在讲话中指出，当前来华教育事业的发展处于全新的历史方位，面临着前所未有的巨大挑战，急需构建符合新形势要求的升级版来华留学教育和管理模式，来华留学教育工作不仅要积极实践和深度总结，更要加大研究、提升理论，才能不断推动华留学教育事业高质量发展。

11 月 27 日，上海交通大学在闵行校区举行了“新形势下交换生管理与服务交流会”。受全球疫情大流行影响，国内疫情防控也已进入常态化，在这样的背景下，国际合作及学生交流交换或将长期受到影响，学生的心理状态极易发生波动。上海交大为应对新情况，举办这一会议，会议采用线上线下相结合的形式，国际合作与交流处、各院系外事工作负责人等 30 余人参加了会议。会议旨在促进建立新形势下交换生管理工作机制，为全校交换生工作搭建交流沟通平台，进一步提升交大交换生管理与服务水平。与会者交流了国际交换生培养管理方面的经验，并就进一步完善课程设置、提高学生融合度等问题进行了讨论。

“变革与创新：疫情之下来华留学工作学术研讨会”会议综述

孙　敏　童苏阳*

一、会议背景

党的十八大以来，面对中华民族伟大复兴的战略全局和世界百年未有之大变局，在以习近平总书记为核心的党中央的坚强领导下，中国特色大国外交不断彰显新的活力。人类命运共同体理念和“一带一路”重要倡议得到国际社会的广泛关注和普遍认可。十九届五中全会提出的2035远景目标和“十四五”时期经济社会发展指导思想和主要目标，都表明了对外开放在国民经济和社会发展中的战略意义，展现了党和政府未来坚持高水平对外开放的坚定决心，开启了我国对外开放的新征程。

2020年年初，突如其来的新冠肺炎疫情几乎让教育领域的国际教育与合作“停摆”。疫情爆发以来，美西方将疫情“政治化”，无端“甩锅”，对我国防疫抗疫工作“污名化”等做法，给有70多年发展历程的来华留学教育工作带来了新的挑战。同年5月，习近平总书记给北京科技大学全体巴基斯坦留学生的回信，彰显了党中央、国务院对于来华留学教育事业的高度重视，为广大来华留学教育工作一线人员注入了一剂强心针。在新的历史时期，来华留学教育工作充满机遇与挑战，我们任重而道远。

2020年6月，《教育部等八部门关于加快和扩大新时代教育对外开放的意见》印发，坚持内外统筹、提质增效、主动引领、有序开放，对新时代教育对外开放进行了重点部署，指明了发展方向。

2020年11月7日，“变革与创新：疫情之下来华留学工作”学术研讨会在扬州拉开帷幕。此次研讨会由中国高等教育学会外国留学生管理分会主办，扬州大学承办。因疫情防控需要，本次研讨会采用线上线下同步进行的方式。

中国高等教育学会外国留学生管理分会理事长刘京辉、秘书长李建民、监事长翁敬农、副理事长程爱民、副秘书长王倩、扬州大学副校长刘巧泉等出席了开幕式。扬州大学副校长刘巧泉、中国高等教育学会外国留学生管理分会理事长刘京辉在开幕式中致辞。来自北京大学、清华大学、南京大学、浙江大学、复旦大学、中山大学、上海交通大学、吉林大学、广东外语外贸大学、河海大学、上海大学、江苏大学、西安交通大学、常州工学院、辽宁大学等多类型、多层次的160多所高校的240名代表线

* 孙敏，博士，南京大学海外教育学院讲师，研究方向为国际中文教育、海外汉学、艺术学。
童苏阳，硕士，扬州大学海外教育学院讲师，研究方向为教育国际化。

下参会，线上注册代表600余名。从事来华留学教育、管理研究的专家学者齐聚一堂，共同探讨全球疫情影响下来华留学教育管理领域亟待解决的重要课题。

中国高等教育学会外国留学生管理分会理事长刘京辉在开幕致辞中指出，当前来华教育事业的发展处于全新的历史方位，同时面临着前所未有的大挑战。如何转危为机，构建符合新形势要求的升级版的来华留学教育和管理模式是我们的当务之急。理事长在去年学习加思考、实践加总结的要求之上，又提出了研究加理论。我们不仅要总结，要实践，还要充分的研究。

二、 大会发言

在大会发言阶段，广东外语外贸大学蔡红结合本校国际学生培养的实践经验，探讨了新时期来华留学教育事业的使命与初心，提出要培养的是具有中国情怀、有德有才、具有全球竞争力、有情有义的国际人才。她分享了疫情发生以来，广外一批国际学生挺身而出的感人事迹，他们用实际行动证明人类是休戚与共的命运共同体，也以他们对中国的深厚感情证明了留管工作的价值。最后，蔡红教授满怀热情地以北岛的诗歌作结，分享作为来华留学教育管理工作人员的幸福感与成就感。

上海交通大学陈海磊回顾了国际本科生招生评价体系的演变历程，指出目前招生的形势严峻，全球高校都面临着挑战。趋同化管理不可逆，在招生工作中应该发挥在校学生的作用，挖掘新的宣传手段，加强对笔试举行方式及考试结果信度与效度的考量；规范面试的流程；多维度考查学生申请，从而探索招生专业化的路径，解招生工作之难。

江苏大学高静探讨了疫情防控常态化下来华留学教育可持续发展的思路与举措，特别指出行业性地方大学发展之路应选更优路径、花更大精力、行更快步伐。用心推进精准招生宣传，本科教学做细做实，构建中外研究生互助共赢的科研模式，校地联手推进校外实践实习，实现管理与服务精细化。

复旦大学陈逸民则针对新冠疫情期间留学生的心理健康问题展开讨论，分析了留学生心理健康问题产生的根源、表现形式等，结合复旦大学具体的实践，提出了相应的应对举措。复旦的线上“云高考”、微信公众号的推送、丰富多彩的线上活动等给与会代表提供了宝贵的经验，拓展了大家的工作思路。

河海大学王新瑞在发言中提出当前形势下来华留学招生环境、线上教学培养质量、应急事件管理能力等面临严峻挑战，但与此同时，中国的抗疫成就展现了制度优势和大国形象，并为疫情常态化下的来华留学教育创造了更加积极有利的环境。面对挑战与机遇，应该落实“加快和扩大教育对外开放”具体任务、推行“一体化—趋同化”管理原则、强化“结构、质量、品牌”关键举措、实施“信息化、网格化、刚性化、人性化”管理方式。

吉林大学李梅花的发言围绕来华留学教育的网络舆情展开，她具体分析了网络舆论的类型、产生的负面影响、网络舆情发生的原因，并从网络舆情散播的不同阶段，结合具体案例，提出了相应的应对策略。

常州工学院汪群在发言中指出，应用型本科院校的来华留学教育工作在培养目标、培养模式和经费支持等方面，与其他类型的院校存在一定差异；提出产教融合在引领应用型高校来华留学生培养工作，提升培养和就业质量方面具有重要意义。她以常州工学院为例，介绍了学校来华留学教育工作在紧随企业“走出去”步伐，不断调整国际学生招生国别；把握企业国际化人才需求，引导国际学生专业选择；加强校企多元合作，服务企业国际化发展和多方拓展信息渠道，支持国际学生在海外的中国企业就业等方面取得的成效。

西安交通大学冯晓晶重点阐述了新冠肺炎疫情对来华留学招生、教学和管理等工作的影响，具体分析了“后疫情”时代来华留学在招生、教学、服务体系构建和文化育人等方面提质增效的工作实践。她认为，“后疫情”时代，高校应改变招生理念，推进招生内涵建设，构建趋同化教育体系与发展服务体系。

辽宁大学邢源源从国际学生心理感受和满意度的视角，定量考察了中国高校国际学生管理部门应对突发疫情的效果和效用，探讨了疫情之下转化型领导对国际学生的影响。研究结果表明，转化型领导力在疫情危机中发挥重要作用。通过将上级责任转化为下级责任，有助于学生了解疫情中的各种情况，激励学生自觉遵守规则和学校要求。研究表明高校留学生管理须鼓励学生参与，以便有效地解决学生的安全、保障、情绪、情感和心理压力等问题。

浙江大学蔡丹以浙江大学为例，详细介绍了线上教学的主要授课模式，以及学校在软硬件方面的具体投入情况。她指出学校线上教学还存在着授课平台稳定性不够、问题反馈渠道不畅通、教学细节需优化、师生互动需加强、实验、实践类课程线上实现难度大等具体问题，提出学校需加强统筹协调和部门协同，强化信息技术支持和相关工作需先行先试。

上海大学裴雨来以汉语教学学科面临的挑战为切入点，指出汉语国际教育学科对事业发展至关重要，亟需解决学科知识生产问题，为学科发展奠定基础。他认为，促进学科知识生产一是要解放教师，二是要找到新的学科知识增长点。国际学生在线教学实现了对教师教学、语言点、学生学习数据的记录和保存；有利于实现不同教学者间的分工与合作，提高了标准化程度和工作效率。他建议在线课程平台应向数据智能化分析方向发展。

三、分论坛总结

第一分论坛“后疫情时代来华留学教育管理及趋势研究”，与会代表充分认识到大变局下来华留学教育管理工作面临的挑战与机遇，在新形势下重新定位来华留学教育管理工作，结合自身学校实践，从不同角度探讨了来华留学教育管理模式。南京信息工程大学胡苏阳分析了应用型本科高校国际学生趋同化管理的现状与对策；杭州电子科技大学潘伟介绍了信息化管理的思路与意义；淮阴师范学院王智结合疫情防控常态化形势分析了国际学生趋同化管理面临的挑战与实践探索；江苏大学吴文浩以新冠疫情为例，强调要建立基于联防联控的国际学生社区管理服务体系，以应对公共卫生事件；江苏卫生健康职业学院郑宋晓详细分析了医药卫生类高职院校来华留学管理中存在的问题，提出了相应的对策；西北工业大学李自伟从国际教育形势出发，对国际教育工作的再定位与再出发进行了新的解读；大连交通大学朱继国则结合疫情带来的影响，探讨来华留学教育管理模式的转变。

第二分论坛“疫情下来华留学教学及培养模式研究”，聚焦国际学生的在线教学、国情教育、思想教育、学历教育等问题，展开了充分的讨论。北京化工大学陈畅提出了开设“高等学术论文写作”全英文授课的构想；中国科学院大学陈锋探讨了新形势下如何有效开展国际学生的国情教育；华北电力大学胡金光、江西财经大学叶卫华分别从知识迁移视角与中国形象塑造两个方面分析了来华留学教育的意义与价值；云南大学李霞、北京邮电大学王尧分别探讨了高校国际学生思想教育的路径与方法；浙江海洋大学刘超杰分析了浙江高校线上课程的现状、面临的问题与应对的策略；南京理工大学缪婧萱结合自身高校实践，探讨了后疫情时代国际学生学历教育的发展趋势、汕头大学张虹分享了马来西亚华裔高中生来华留学预科项目的设置与教学实践。

第三分论坛“新形势下来华留学招生及留学生心理适应研究”，与会代表重点探讨了疫情形势下来华留学招生工作的新思路、新方法、新突破以及疫情发生以来国际学生的心理健康关怀。浙江大学蔡祖森、西安交通大学张晓静分别结合浙江大学、西安交通大学的实践，从信息化建设、规范流程、协同联通、开拓特色项目、改革申请审核机制等角度介绍了相应的招生举措；电子科技大学董梁、中山大学韩一瑾分别从审录考核体系、生源国中等教育现状调查两个视角，探讨了提升来华留学生招生质量的有效路径；苏州大学朱履骅介绍了国际学生的项目制招生方案；南京邮电大学贾亚超介绍了国际学生境外汇款模式；江苏理工学院陈伟探讨了表达性艺术治疗在国际学生心理健康教育中的应用及价值；扬州市职业大学孙志林与南京审计大学谢艺则分别关注国际学生跨文化心理适应的现状与发展动态；陕西科技大学张素凤则从国际学生心理健康教育的现状出发，提出建立起相应的教育机制。

今年中国开启了全面建设社会主义现代化国家的新征程，擘划了“十四五”和2035的宏阔蓝图。在新的历史起点，面对新的历史机遇，来华留学工作必将大有可为、大有作为。我们应该以本次研讨会为契机，不断探索、深入研究来华留学教育管理工作的规律，探索新形势下的教育管理模式，推进来华留学教育工作化危为机、提质增效、开创新局，在高质量的发展道路上坚定前进，取得新成绩。

《国际学生教育管理研究》征稿启事

《国际学生教育管理研究》(International Student Education and Management) 由中国高等教育学会主管，外国留学生教育管理分会主办，是我国来华留学教育与管理科学的专业学术性集刊。专门研究与探讨我国国际学生教育管理方面的理论和实践问题，宣传我国国际学生教育方针和政策，反映我国国际学生教育改革和发展的动态和经验，展示我国国际学生教育管理研究领域的最新成果，并介绍世界其他国家关于国际学生教育管理研究的成果和发展趋势。

《国际学生教育管理研究》自 2020 年起，由上海外语教育出版社正式出版，每年出版两本。来稿请按照格式要求排版，并将电子文本 (Word 文档) 发至《国际学生教育管理研究》编辑部信箱isem_cafsa@163. com。

《国际学生教育管理研究》征集并择优发表以下研究领域的论文：

1. "留学中国"品牌内涵研究；
2. 《质量规范》落实举措及来华留学教育能力评价研究；
3. "一带一路"沿线国家来华留学教育专题研究；
4. 疫情防控常态化下的国际学生教育管理研究；
5. 来华留学预科教育标准研究；
6. 国际学生招生管理及培养模式研究；
7. "学在中国"国际研究生培养质量调查研究；
8. 国际学生跨文化教育与交际研究；
9. 国际学生心理适应与干预机制研究；
10. 国际学生舆情案例与公关策略研究；
11. 国际学生英语授课专题研究；
12. 来华留学线上教学与精品课程建设研究；
13. 来华留学国情教育及中国文化国际传播研究；
14. 国际学生教育管理中外比较研究；
15. 中外学生趋同化管理研究；
16. 留学生管理干部队伍建设、培训与绩效考评体系研究。

热诚欢迎来华留学及相关领域专家学者、各级外事部门工作人员、高校留管干部和教师等来稿。来稿具体要求参阅《国际学生教育管理研究》来稿须知。

来稿须知

为确保稿件筛选的公平公正，《国际学生教育管理研究》所有稿件均采用匿名外审进行遴选。来稿请遵守学术规范，切勿一稿多投。稿件收到后三个月内给予回复，若三个月内未收到编辑部退信或备用通知，请自行处理。来稿审核通过后，编辑部将及时与作者联系，发送改稿或用稿通知。因编辑部人员有限，不能一一办理退稿，恳请理解。编辑部保留对文章的修改权，如有较大改动，将及时与作者沟通，细微改动不再另行通知。若不同意修改、删节和摘登，请于文末特别注明。

来稿请按照稿件格式要求排版，提交电子文本至 isem _ cafsa@163. com，电子文稿请以 Word 格式发送，请勿提交打印文本。投稿邮件名请按“投稿-（作者名）-（文章名）”格式书写。

附： 稿件格式要求

一、来稿提交 Word 电子文本。
二、来稿字数以 5 000—8 000 字为宜。
三、来稿文本应包括：
  1）中、英文标题；
  2）中、英文摘要（300 字以内）；
  3）中、英文关键词（3—5 个中文每个词之间空一格，英文用逗号分隔）；
  4）正文；
  5）参考文献；
  6）作者基本信息（姓名、学位或职称、研究方向、最新主要成果、联系方式，若论文为基金支持项目，请注明基金项目名称与编号）。
四、中文字体：
  1）大标题用二号黑体，小标题用小四号黑体，各级标题依一、（一）1.（1）顺序编号；
  2）正文用五号宋体；
  3）中文摘要、参考文献用小五号宋体。
  4）脚注由 Word 文档自动生成。
五、英文字体：
  1）一律使用 Times New Roman；
  2）大标题用三号字体，小标题用小四号字体；
  3）正文用五号字体；
  4）英文摘要、参考文献用小五号字体；
  5）脚注由 Word 文档自动生成。
六、行距：
  正文用单倍行距，小标题和正文之间上下各空一行。
七、图表：
  文中图表分别顺序编号（图 1，图 2……，表 1，表 2……）。表格编号与名称居中置于表头上方，图片编号与名称居中置于图片下方。图片请提供高清位图或矢量图（若图片文件格式较大，请以压缩文件单独另附）。

八、参考文献：

1）使用“脚注”对正文内容进行补充说明，不用于表明参考文献出处；

2）参考文献文内标注：在引文后加圆括号，圆括号内注明作者和出版时间，中间空一格，如（程爱民 2019）；如引用同一作者的多部作品，则在出版时间后加上 a/b/c……，如（程爱民 2019a）；

3）参考文献正文后标注为 GB/T 7714—2015 格式，按作者姓氏拼音字母顺序排列。

文后参考文献标注示例：

专著

［1］陈登原. 国史旧闻：第一卷［M］. 北京：中华书局，2000.

［2］马克思. 政治经济学批判［M］. 马克思，恩格斯. 马克思恩格斯全集：第 35 卷. 北京：人民出版社，2013.

［3］罗杰斯. 西方文明史：问题与源头［M］. 潘惠霞，魏婧，杨艳，等译. 大连：东北财经大学出版社，2011.

［4］PEEBLES P Z，Jr. Probability，random variable，and random signal principles［M］. 4th ed. New York：McGraw Hill，2001.

论文集、会议记录

［1］雷光春. 综合湿地管理：综合湿地管理国际研讨会论文集［C］. 北京：海洋出版社，2012.

［2］BABU B V，NAGAR A K，DEEP K，et al. Proceedings of the Second International Conference on Soft Computing for Problem Solving，December 28-30，2012［C］. New Delhi：Springer，2014.

期刊论文

［1］袁训来，陈哲，肖书海，等. 蓝田生物群：一个认识多细胞生物起源和早期演化的新窗口［J］. 科学通报，2012，55（34）：3219.

［2］DES MARAIS D J，STRAUSS H，SUMMONS R E，et al. Carbon isotope evidence for the stepwise oxidation of the Proterozoic environment［J］. Nature，1992，359：605-609.

报告

［1］中华人民共和国国务院新闻办公室. 国防白皮书：中国武装力量的多样化运用

[R/OL] (2013-04-16) [2014-06-11]. http://www.mod.gov.cn/affair/2013-04/16/content_4442839.htm.

[2] World Health Organization. Factors regulating the immune response: report of WHO Scientific Group [R]. Geneva: WHO, 1970.

电子资源

[1] 萧钰. 出版社信息化迈入跨车道 [EB/OL]. (2001-12-19) [2002-04-15]. http://www.creader.com/news/20011219/200112190019.html.

[2] Dublin core metadata element set: version1.1 [EB/OL]. (2012-06-14) [2014-06-11]. http://dublincore.org/documents/dces/.

学位论文

[1] 吴云芳. 面向中文信息处理的现代汉语并列结构研究 [D]. 北京: 北京大学, 2003.

[2] Calms RB. Infrared spectroscopic studies on solid oxygen [D]. Berkeley: University of California, 1965.

报纸

[1] 丁文详. 数字革命与竞争国际化 [N]. 中国青年报, 2000-11-20 (15).

九、参考文献之后请注明作者姓名，作者电话，Email，收刊人详细地址、邮编。

《国际学生教育管理研究》编辑部